AF465521

PROBLÈME POLITIQUE

DE PREMIÈRE IMPORTANCE.

Tous les exemplaires, imprimés sous les yeux de l'auteur, portent sa signature autographe.

On trouve aux mêmes adresses un autre ouvrage que je viens de publier, et qui est la base de celui-ci ; il a pour titre : *Principe universel; démonstration, applications.* — Prix : 1 fr. 25 c.

PARIS.—IMPRIMERIE DE FAIN ET THUNOT,
IMPRIMEURS DE L'UNIVERSITÉ ROYALE DE FRANCE,
Rue Racine, 28, près de l'Odéon.

AZAÏS.

PROBLÈME POLITIQUE

DE PREMIÈRE IMPORTANCE :

QUELLES SONT, EN PRINCIPE,

LES MEILLEURES FORMES

DE CONSTITUTION ET DE GOUVERNEMENT

POUR UN PEUPLE CIVILISÉ ?

APPLICATION AU PEUPLE FRANCAIS.

SON HISTOIRE DEPUIS CINQUANTE ANS. — SA SITUATION ACTUELLE.
— FORTIFICATIONS DE SA CAPITALE.

DEUXIÈME PUBLICATION.

Pour l'homme réfléchi, sincère, convaincu,
Le moment de tout dire est aujourd'hui venu.

PRIX : 3 FRANCS.

PARIS.

CHEZ LEDOYEN, LIBRAIRE, GALERIE D'ORLÉANS, 31 ;
ET A L'ABATTOIR DE GRENELLE.

Janvier 1844.

PRÉFACE.

L'écrit que l'on va lire est publié depuis deux mois ; il commençait à se répandre, lorsque l'opinion publique s'est vivement émue des agressions dirigées par le haut clergé de France contre l'université. Ces agressions ont coïncidé, d'une manière qui ne pouvait être fortuite, avec le voyage à Londres d'un assez grand nombre de Français, allant saluer le duc de Bordeaux. De ces deux événements, surtout de leur liaison, est née une complication imprévue à notre situation politique ; le chapitre de mon ouvrage où j'ai tâché d'expliquer cette situation est devenu incomplet ; j'y ai fait une addition sous forme de lettre à M. de Lamartine que les mêmes circonstances ont conduit à publier un écrit très-remarquable, intitulé : *L'État, l'Église, l'enseignement.*

En exposant mes pensées sur les opinions et les tentatives des deux classes de mécontents, j'ai suivi les indications du Principe qui depuis longtemps guide toutes mes discussions. J'ai, de plus, été fidèle à mon épigraphe :

> Pour l'homme réfléchi, sincère, convaincu,
> Le moment de tout dire est aujourd'hui venu ;

d'autant plus que l'effort de tout dissimuler n'abuse plus personne. Sans savoir encore où est la vérité, on délaisse l'erreur. C'était la préparation nécessaire.

Je termine la nouvelle publication de mon ouvrage par ma lettre à M. de Lamartine. En même temps je donne pour introduction à cet ouvrage même une autre lettre sur laquelle je désire attirer encore plus vivement l'attention du lecteur ; c'est au Roi qu'elle a été adressée ; en l'écrivant je me suis laissé entraîner à la satisfaction de tracer avec précision l'enchaînement des idées fondamentales qui élèvent la puissance de l'esprit humain jusqu'à la connaissance du système de l'univers. C'est ainsi un véritable ouvrage de haute philosophie que j'ai produit sous l'inspiration de cette pensée : — Je parle à un homme moins éminent encore par sa position sur le premier trône de la terre que par l'étendue de sa raison et la force de son intelligence.

Ma lettre a obtenu l'approbation du Roi ; je puis donc me promettre qu'elle frappera les hommes sensibles aux accents de la vérité, et sachant en apprécier les caractères.

Ils trouveront ensuite, c'est du moins mon espérance, que mon livre tient les engagements qu'une telle lettre m'a fait contracter.

AU ROI.

15 novembre 1843.

Sire,

J'ai l'honneur d'offrir à Votre Majesté un Écrit digne d'attention par son objet. En le composant, j'ai essayé d'indiquer, au nom des lois qui gouvernent la nature, la meilleure forme de constitution et de gouvernement dont les peuples civilisés soient susceptibles.

Il n'est pas de peuple, en ce moment, dont la civilisation soit plus développée que celle du peuple français ; c'est par conséquent celui dont il serait le plus convenable, le plus pressant même d'assortir le régime organique au régime invariable de l'univers ; car c'est là indubitablement que se trouve le modèle de toute harmonie, de toute puissance. Les êtres vivants qui s'y conforment sont forts et actifs selon leur nature, et toujours calmes par l'exercice même de leur force, toujours satisfaits par l'emploi de leur action.

Il n'en est pas ainsi du peuple français : fort et actif à un degré soutenu, il est cependant toujours agité et mécontent; sa partie la plus nombreuse, celle même qui jouit des faveurs du bien-être, sans cesse gémit, blâme, se plaint, et ce qui est inquiétant, s'égare sans réflexion dans des vœux dont l'accomplissement ne produirait que des malheurs.

Sire, exposer ces dangers, et les décrire avec chaleur, avec énergie, ne suffirait pas pour les faire redouter, encore moins pour dissiper les erreurs qui les appellent. La simple éloquence aujourd'hui n'a plus d'ascendant; la démonstration seule en conserve encore, et chaque jour en aura davantage, parce que, chaque jour, l'esprit humain devient plus sévère examinateur des faits, plus judicieux appréciateur de la logique du langage; ce qui lui manque, ce n'est pas la faculté de raisonner sainement, conséquemment; elle devient, au contraire, vulgaire, générale; ce qui lui manque, c'est, pour chacun des raisonnements qu'il cherche à poursuivre, un point de départ certain, invariable, un Principe. Il n'y en a qu'un dans la nature, et aujourd'hui dans l'esprit humain, surtout en France, chaque homme intelligent a le sien, lequel est plus ou moins éloigné de celui de la vérité. C'est ce qui fait la divergence confuse des opinions, et leur collision réciproque. Chacun pose sa théorie; nul ne la démontre; bientôt il en sent lui-même le vague, la faiblesse; il l'abandonne pour une nouvelle conception, également sans démonstration et sans durée.

Qu'est-ce que démontrer ? C'est raisonner mathématiquement, c'est-à-dire suivre méthodiquement les inductions rigoureuses d'un *axiome*, fort d'évidence, n'ayant besoin lui-même que d'être posé pour être démontré. Il est indubitable que si toutes les grandes questions philosophiques, celles qui composent le domaine de la morale, de la politique, recevaient, en ce moment, une solution constituée et tracée selon les formes des solutions mathématiques, il n'y aurait plus de divagations, de dissensions, entre les intelligences.

Il est encore indubitable que, pour l'ensemble de la nature, il y a un axiome général, fondamental, un Principe unique, duquel découlent mathématiquement tous les ordres de faits, mais en formant entre eux d'autant plus de combinaisons qu'ils s'élèvent davantage au-dessus du point de départ; leur filiation graduelle n'est d'ailleurs jamais interrompue; seulement, de simple qu'elle était à son début, elle devient de plus en plus composée. Le terme arrive où le procédé mathématique, si simple, si facile à analyser, est devenu procédé *logique* sans changer de caractère; de même que le ruisseau, en grossissant dans son cours, en se liant à un nombre sans cesse croissant d'autres ruisseaux, finit par former un fleuve, toujours ressemblant à lui-même par sa matière et son mouvement.

Le philosophe logicien qui s'occupe des grandes questions de morale et de politique, n'est donc, pour ainsi dire, qu'un mathématicien redoublé, employant, pour étudier et traiter son sujet, un mode d'exploration et d'argumentation semblables, par leur fermeté et leur enchaînement, à l'exploration et à l'argumentation dont se composent les théories mathématiques élémentaires.

Dans la nature, il n'y a que des sciences exactes, parce que, en réalité, il n'y a qu'une science, celle des effets d'un seul Principe et de la loi unique qui le conduit. S'il en était autrement, en quoi pourrait consister l'unité de l'univers; et sans unité complète, absolue, comment l'univers pourrait-il exister ?

Que le philosophe logicien profite donc aujourd'hui de la disposition générale de l'esprit humain au raisonnement mathématique pour lui fournir logiquement un emploi qui, embrassant avec méthode et unité toutes les questions de la nature, fasse cesser toute discorde, la remplace par l'accord général des sentiments et des opinions.

Tel a été, Sire, le but de tous les travaux de ma vie. Permettez-moi d'en mettre le tableau rapide sous les yeux de votre profonde intelligence.

Je naissais, il y a cinquante ans, à la méditation philosophique, lorsque la loi des *compensations* se présenta à ma pensée, d'abord comme réglant la distribution des destinées humaines, ensuite comme présidant à la distribution générale du mouvement dans l'univers.

Ce premier pas me conduisit bientôt à chercher quelle était, dans la nature, la source directe, le *principe* de cette action universelle que la loi des compensations était chargée de tenir en balancement continu. Cette recherche fut longue, laborieuse, précisément parce que le Fait initial, le Principe universel ne pouvait être que d'une simplicité absolue. L'esprit de l'homme, lorsqu'il poursuit une découverte de grande importance, est loin de la considérer, en imagination, comme devant être d'une parfaite simplicité. Au contraire, il se représente l'objet de ses méditations comme immensément chargé de nuages, de difficultés; ce n'est qu'après s'être fatigué, épuisé, sur le compliqué, le désordonné, l'illusoire, qu'il arrive enfin au vrai, au simple, et s'y repose.

J'entrevis enfin l'idée *Expansion*, et, dès le premier aperçu, je fus comme inondé de sa lumière : Tout est là, m'écriai-je; chaque être matériel est essentiellement doué d'une tendance à s'étendre en tout sens, d'une *action expansive*, à laquelle résiste, au gré de l'équilibre, la tendance également expansive de tous les êtres qui l'environnent. Ces deux exercices d'une même Force se balancent sans cesse, se succèdent par alternative, se remplacent par gradation, évitant de se heurter, ne parvenant jamais à se suspendre. C'est ainsi que l'univers est sans cesse en mouvement, tandis que sa constitution est immuable.

Première conception de la vérité universelle! que de clarté, de simplicité, d'évidence! Ah! Sire, je le reconnais! dans la suite de ma vie, il fallait bien des peines pour compenser le bonheur d'un tel moment.

Plein d'ardeur et de courage, je saisis ma boussole, et je commençai mes excursions à travers le champ immense de l'univers. Mais, dès mes premiers pas, quelle accablante diversité d'êtres et de rapports! et où s'arrêter? Quelle ligne suivre dans cette mobilité continue et cette variété indéfinie? Je marchais sur un chaos de trésors : traversée à la fois attrayante et pénible! C'est surtout aux plaisirs de l'esprit que l'ordre est nécessaire.

Heureusement je tenais le principe de tous les mouvements; il m'avertissait que c'était à lui seul qu'il fallait demander sur quel plan il les avait ordonnés. Et il m'avait déjà appris que son action expansive, son action universellement homogène, s'était cependant partagée en deux exercices mutuellement opposés : celui qui provoque sans cesse la divergence universelle, et celui qui, par réaction, provoque sans cesse la convergence universelle. La classification primitive des mouvements de l'univers se montrait donc la plus simple possible : d'une part, les faits qui sont produits exclusivement par l'expansion divergente, tels sont les faits de dilatation, d'évaporation, de chaleur, de dissipation; d'un autre côté, les faits qui sont produits exclusivement par l'expansion convergente, tels sont les rapprochements réciproques, la congélation, le froid, la pesanteur.

Commençons, me dis-je, par expliquer expansivement ces deux ordres de faits. Leur simplicité me rendit cette explication facile : je vis bientôt que, par expansion divergente, tout s'échauffe, se divise; que, par expansion convergente, tout se condense, pèse, se refroidit.

Mais évidemment, l'expansion, alternativement divergente et convergente, ne se borne pas à produire, par cette alternative même, ici de la chaleur, de l'évaporation, là du froid, de la pesanteur. Il est un nombre infini d'êtres matériels dans le sein desquels, après avoir rassemblé leurs éléments, après en avoir fait des corps *organisés*, elle combine, à des degrés indéfiniment variés, ses deux actions immédiates; chacun est un théâtre où ces deux actions se tiennent constamment en pondération mutuelle, en *Équilibre ;* c'est en cela que consiste la *vie organique*, si variée, si multipliée dans l'univers. Je trouvais donc là un troisième ordre de faits dont je devais étudier l'histoire; et, dans la nature, cet ordre de faits n'est pas seulement le plus abondant, c'est aussi celui qui, par une complication graduelle, forme une chaîne immense, laquelle s'étend, et sans lacune, depuis le premier rudiment de l'existence végétale jusqu'à l'homme.

Je devais suivre attentivement cette chaine, et profiter surtout du caractère qu'elle imprime nécessairement à la nature entière : ce caractère est l'*analogie* d'existence entre tous les êtres organisés. Il est évident que, puisque tous se suivent immédiatement, chacun est immédiatement analogue à celui qui vient après lui et à celui qui le précède; ce qui, de proche en proche, établit l'unité générale de constitution organique; il n'y a de différence que du simple au composé.

Telle a été, Sire, pendant de longues années, l'occupation de ma pensée, occupation qui cependant ne pouvait encore être que préparatoire. Lorsque j'en eus atteint le terme, je sentis que le couronnement y manquait : les naturalistes, traçant sous mes pas la grande chaîne organique, s'étaient arrêtés à l'existence de l'homme. Était-ce, en réalité, dans la nature vivante, le point le plus élevé? Non : au-dessus encore existe la *société humaine*, Être le plus riche de puissance, de facultés, mais dont le mode d'existence organique ne pouvait être qu'analogue à celui de l'individu humain, son élément vital, son prédécesseur immédiat dans la chaîne universelle.

Cette vue logique, irrécusable, m'a invité à étudier l'économie politique des sociétés humaines, parallèlement à l'économie organique de l'homme sain, bien constitué; et manifestement, cette étude, si je suis parvenu à la faire, à la consommer d'une manière digne de son objet, a dû avoir pour résultat une théorie philosophique qui embrasse sous les mêmes principes la vie de l'individu, l'équilibre de ses forces, la sagesse de ses vœux, la paix de son âme, et la vie des peuples, l'harmonie de leurs organes, la sagesse de leurs désirs, la paix de leurs sentiments.

Honneur désormais à la science humaine! longtemps elle fut timide, vacillante; elle chancelait, balbutiait comme les enfants, mais elle croissait. Aujourd'hui, développée dans toutes ses parties, riche des travaux de toutes les générations, de tous les peuples, ferme par son principe, réglée par sa loi, elle s'apprête à éclairer, de la même lumière, la pensée individuelle et la pensée sociale; elle s'avance vers sa noble destinée, qui est d'établir, sur toute la surface du globe, l'autorité de la raison et le calme de la vérité.

Sire, c'est de la France, et sous votre règne, que partira ce rayonnement philosophique d'une expansion si douce, si salutaire. Par le livre que je présente, j'aspire à l'honneur d'y concourir ; je n'ai rien négligé pour l'en rendre digne. Je viens de mettre six mois à l'écrire, mais après avoir mis cinquante ans à le préparer. On pourra le combattre dans quelques détails, mais non dans son ensemble ; car il a pour base le Principe universel, et pour plan d'exécution la loi universelle, la loi d'équilibre, armée de gradation et d'analogie.

Le ton de mon écrit, Sire, ne pouvait être que la pleine et entière franchise. Devant à la fois correspondre au passé, au présent, à l'avenir de toute société humaine, il fallait qu'il fût vrai pour les trois sections du temps, et que jamais aucune ne parvînt à le démentir. En politique pratique, les procédés de transition sont toujours plus ou moins conseillés par la prudence, et le langage de l'homme d'État doit être discret et réservé, sans jamais être trompeur. Il n'en est pas ainsi de l'écrivain isolé dans sa retraite, et qui ne songe à se mettre en commerce qu'avec la vérité. Il est libre comme l'histoire.

Sire, je ne m'excuse pas auprès de vous de vous avoir occupé dans cette lettre d'un système de philosophie, et des moyens qui m'ont conduit à l'établir. Journellement, tous les événements majeurs dont la France, l'Europe, ou même la surface du globe sont le théâtre, entrent dans les méditations de votre sollicitude ; mais l'apparition en France, en Europe, sur la surface du globe, de la vérité universelle, est aussi un événement majeur, et principalement sous le rapport politique, car toutes les dispositions de l'esprit humain doivent finir par en être profondément modifiées, et les mouvements généraux, en politique, ne sont jamais excités que par des idées, vraies ou fausses, ayant pris dans les masses populaires de grandes extensions.

En ce moment d'antiques idées dogmatiques qui, jadis, ont profondément remué les peuples, semblent vouloir les agiter encore; mais le fond de ces idées expire, elles ne vivent plus que par l'écorce, c'est-à-dire par les habitudes et les intérêts qu'elles ont fondés; c'en est assez pour qu'elles jettent du trouble dans la génération actuelle, mais non pour amener des mouvements d'ensemble, des mouvements politiques. Chaque jour la *Raison démontrée*, la raison pacifique s'avance dans l'esprit du peuple français; elle en prendra possession unanime, c'est inévitable. Vous léguerez cette certitude à votre famille, Sire; elle en verra l'accomplissement.

Et vous aussi, peut-être. C'est mon vœu le plus cher! Vos dernières années seraient si douces, si consolées.

Ah! Sire, dans la retraite ce ne sont pas seulement les idées, ce sont aussi les sentiments qui prennent de la profondeur. Vous en trouverez le témoignage dans la partie de mon écrit que j'ai traitée avec le plus d'inclination et d'avantage; elle a pour titre: *Règne de Louis-Philippe*; je l'ai amenée par le récit des grandes circonstances qui ont précédé, ou même produit votre avénement au trône, et j'ai appliqué le jugement du Principe à la manière dont vous l'avez occupé. C'est lui surtout, c'est le Principe, qui révèle et fait mesurer la somme effrayante des malheurs que vous avez détournés, genre de bienfaits politiques que le vulgaire n'aperçoit pas, et qui n'en a que plus de valeur, car pour en faire en silence et avec constance l'objet de ses méditations et de son action, l'homme d'État doit être doué d'une âme bien forte, bien généreuse.

Mais rien ne peut être caché pour le Principe; c'est lui qui fixe l'idée de la véritable habileté, qu'il compose surtout de prudence et de prévoyance. Quand il la trouve en œuvre au sein des situations les plus élevées, les plus compliquées, les plus difficiles; lorsque, dans un État avancé en civilisation et en liberté, il voit la sagesse, la modération, l'ordre, la justice, régner sous la protection pacifique de la vigilance, de la force, du courage, il proclame d'avance la haute approbation de la postérité.

Je prie Votre Majesté,

SIRE,

d'agréer l'hommage

De mes respectueux et dévoués sentiments,

AZAÏS.

PROBLÈME POLITIQUE

DE PREMIÈRE IMPORTANCE :

QUELLES SONT, EN PRINCIPE,

LES MEILLEURES FORMES DE CONSTITUTION ET DE GOUVERNEMENT

POUR UN PEUPLE CIVILISÉ ?

IDÉES PRÉLIMINAIRES.

Tout Être a un but d'existence ; sa *constitution* est chargée de l'y conduire ; son *gouvernement* est chargé de mettre en œuvre sa constitution.

Ainsi, un vaisseau est *constitué* pour la navigation sur un fleuve ou sur la mer qui l'environne, et sa navigation est *gouvernée* par un pilote qui dispose les voiles de manière à ce qu'elles s'accommodent le mieux possible à la direction et à la force du vent qui est l'agent impulsif. Si la constitution du vaisseau est imparfaite, si, par exemple, il est trop léger, le pilote en augmente le lest ; si habituellement, pendant sa marche, il penche d'un côté, le pilote porte habituellement la manœuvre du côté opposé et au degré nécessaire pour maintenir l'équilibre. Enfin, par les diverses inflexions du gouvernail, le pilote évite, tant qu'il peut, les écueil et les récifs.

Voilà encore le mécanisme d'une usine qui a été *constituée* dans le but de servir à la fabrication de certains ouvrages ; l'action de la chaleur ou celle d'une chute d'eau en est le moteur. Cette action doit être *gouvernée* de manière à ne jamais être ni précipitée, ni suspendue.

Descendons au mécanisme le plus usuel, et qui nous est le plus utile : C'est celui de la préparation de nos aliments. La chaleur en est encore le moteur essentiel. Préalablement le foyer et la réunion des combustibles ont dû recevoir une *constitution* convenable au but de l'opération. Mais si, ensuite, l'agent n'est pas *gouverné* par un pouvoir extérieur qui, selon le besoin, l'excite, le favorise, ou, au contraire, le retient, le réprime, par conséquent le maîtrise, si cet agent échappe par sa violence à la répression, le but est traversé, la préparation alimentaire s'est changée en destruction ; et si l'opération a été seulement désordonnée, mal *gouvernée*, le résultat a montré plus ou moins d'altération et d'imperfection.

Passons à l'homme. Chacun de nous a reçu nativement une *constitution* organique dont voici le plan :

Comme dans un vaisseau, deux côtés parallèles, égaux de masse, en pondération respective, se balancent sans cesse par l'entremise d'un axe qui les unit. Au sommet de cet axe est un organe pilote, un cerveau, chargé non-seulement de maintenir ce balancement, mais encore, par lui-même ou par ses annexes immédiates, de régler et administrer tous les mouvements intérieurs des organes subalternes. Chacun de nous, par conséquent, est *constitué* en *monarchie organique.*

Quant au *gouvernement* de cet être si composé et si harmonique, c'est d'abord par *l'instinct* qu'il est exercé. L'instinct, en nous, dérive immédiatement de notre constitution native, car il agit dès l'instant de notre naissance, et, toute notre vie, il est en nous un surveillant attentif et fidèle. Un de ses actes les plus importants et les plus simples est de nous affecter de *fatigue*, de nous inviter au *repos*, lorsque, par la vivacité ou la continuité de nos mouvements, nous avons dissipé, hors de nous, une quantité de substance vitale sensiblement supérieure à la quantité de cette même substance que nous produisons habituellement, et, à son tour, de nous fatiguer du repos, de nous inviter au mouvement, lorsque notre inaction trop prolongée nous a affectés d'une torpeur inquiète, en portant dans notre sein l'approvisionnement de substance vitale jusqu'à l'engorgement.

Autre exemple familier du gouvernement de l'instinct : Si, pendant que nous marchons, un obstacle imprévu nous fait faire un faux pas, nous chancelons, nous sommes près de tomber; mais, à l'instant, sans réflexion, sans entremise de la volonté, notre corps se redresse, penche du côté opposé à celui de la chute, et, après une courte oscillation, reprend de lui-même par instinct la station verticale.

Dans le courant de la vie, l'instinct cherche sans cesse à nous guider sagement, c'est-à-dire à tenir nos mouvements en équilibre. Mais souvent nous ne pouvons pas, plus souvent nous ne voulons pas suivre ses conseils; tantôt nous sommes maîtrisés par les circonstances de notre position, tantôt nous sommes égarés par les ardeurs de nos passions, ou les erreurs de notre intelligence. C'est surtout tant que nous sommes jeunes que nous sommes exposés aux unes et aux autres. A cet âge, par compensation au bonheur de sentir vivement, nous avons le malheur de nous tromper souvent; nos idées, même les plus vraies, tendent à l'exagération; nos sentiments, même les plus honorables, tendent à l'exaltation; ce qui nous conduit à bien des fautes dans le *gouvernement* de nous-mêmes.

Nous y reviendrons dans le cours de cet écrit. En ce moment, entrons dans notre sujet.

CONSTITUTION

ET GOUVERNEMENT POLITIQUES.

Une société humaine est un être collectif dont les éléments, les *hommes*, sont chacun un être expansif organisé, dont par conséquent la collection est essentiellement organisée, expansive, revêtue de toutes les conditions d'existence qui découlent essentiellement de l'expansibilité et de l'état organique.

Ainsi, en premier lieu, toute société humaine, par cela même qu'elle est expansive, c'est-à-dire animée d'une action essentiellement progressive, a besoin d'être gouvernée, dirigée, et, le plus souvent, modérée, réprimée ; car toute expansion, soit collective, soit individuelle, est douée d'une puissance indéfinie, d'une puissance qui, par elle-même, jamais ne s'arrête, qui, au contraire, tend par elle-même à croître sans cesse d'exigence, d'activité, qui, par conséquent, si elle est libre de toute résistance extérieure, conduit fatalement à la dissolution, à la destruction ; c'est ce que l'on éprouve directement dans l'ordre des mouvements expansifs les plus simples : une étincelle, tombant sur un amas de corps combustibles, et que l'on n'a point réprimée, suffit pour allumer un incendie.

En second lieu, toute société humaine étant, avons-nous dit, un être organisé, doit avoir reçu une constitution organique analogue à celle de chacun des hommes qui la composent, et cela est vrai en principe ; mais, dans l'application, il y a une différence très-importante. Pour l'homme individuel, la constitution native s'est établie, dans le sein maternel, au simple gré des forces de la nature, et avant que le gouvernement, soit de l'instinct, soit de l'intelligence, pût entrer en exercice. Il n'en est pas ainsi pour les sociétés humaines ;

chacune, en se formant ou même en prenant naissance, a subi l'influence des lieux, des temps, des circonstances environnantes, et, selon la puissance de ces conditions originelles, les a incrustées, pour ainsi dire, à sa constitution. On voit aussi que chacun des peuples primitifs a eu sa constitution particulière, et que, dans les âges moyens, chacun des peuples, issus des peuples primitifs, a montré, dans sa constitution, plus ou moins de témoignages de cette descendance. Tous les peuples cependant, soit primitifs, soit ayant existé dans les âges moyens, ont dû avoir, dans leur constitution même, un caractère commun : celui qui leur était imprimé par l'âge même de leur époque. Le genre humain tout entier a eu son enfance, son adolescence, sa jeunesse, par conséquent ses périodes successives d'erreurs séduisantes, d'idées exagérées, de sentiments exaltés, lors même que la vérité en était le fondement.

Que pouvaient donc être jusqu'ici les gouvernements des peuples? Ce que sont d'ordinaire les vœux, les projets, les actions des enfants, des adolescents, et même de beaucoup de jeunes gens; ils devaient manquer plus ou moins d'ordre, de mesure, de prévoyance.

L'âge que nous avons acquis n'est pas un mérite, mais il est un avantage, puisque, par compensation à l'affaiblissement de notre ardeur, il a amené l'augmentation de notre raison et de nos lumières. Profitons-en pour chercher quelles sont, en principe, les meilleures formes de constitution sociale et de gouvernement, pour découvrir ensuite ce qui manque, en France, au gouvernement, à la constitution sociale, et pour en rapporter les défauts aux héritages d'idées et d'institutions que nous avons reçues de nos ancêtres.

Pour tout être composé, les meilleures formes de constitution et de gouvernement sont nécessairement celles qui maintiennent le mieux possible la liberté des mouvements et la stabilité du mécanisme. Nous venons de voir que tel est, pour chacun de nous, le fruit de sa constitution native;

l'instinct qui en découle, qui sans cesse l'exprime, assure si bien la stabilité du mécanisme et la liberté des mouvements, qu'il les rétablit spontanément lorsqu'elles tendent à se troubler.

Les opérations de l'instinct étant, en nous, fondamentales, notre constitution organique est donc, en principe, la meilleure que nous ayons pu recevoir, et le gouvernement de notre être serait également parfait en principe, si, comme celui des animaux, il n'avait jamais que l'instinct pour directeur. Mais, bien au-dessus de l'instinct animal, nous avons l'*intelligence*, c'est-à-dire le sentiment des *idées* que nous avons acquises, par le travail le plus délicat, le plus puissant de la vie.

Ne cherchons pas ici comment se fait, en nous, cette acquisition merveilleuse ; je crois l'avoir clairement exposé dans d'autres écrits. Il nous suffit, en ce moment, de reconnaître comme faits irrécusables : premièrement que nos idées résident exclusivement au sein de notre organe cérébral ; en second lieu que, causes immédiates et déterminantes de tous nos mouvements désignés sous le titre de volontaires, elles nous *gouvernent*, et sainement, judicieusement, quand elles sont saines, judicieuses, conformes au plan de la nature, au contraire, avec désordre, lorsqu'elles sont fausses, ce qui veut dire lorsqu'elles froissent les rapports que le plan de la nature a établis.

Si maintenant nous reconnaissons de nouveau, comme vérité rationnelle également incontestable, que la constitution native de toute société humaine est essentiellement analogue à la constitution native de tout homme bien organisé, nous reconnaîtrons aussi, comme conséquence nécessaire, que toute société humaine est soumise, pendant son développement, au gouvernement de deux puissances existant en elle-même : celle de l'instinct qui la tient de son mieux en équilibre vital et mécanique, et celle de l'intelligence qui règle les mouvements procédant des idées adoptées, pratiquées par la majorité des citoyens. Nous découvrirons, dans les effets du gouvernement d'instinct, ce qui est fondamental, pour cette raison, commun à tous les peuples, et, dans les effets du gouvernement d'intelligence, ce qui est propre à chaque peuple, ce qui, par conséquent, est indéfiniment variable au gré de l'âge de civilisation, des circonstances de position ou d'origine, de l'état plus ou moins avancé de la raison et des lumières.

Sous ces divers rapports, nous essayerons bientôt de définir la situation actuelle du peuple français, en préparant cette définition par le tableau rapide de sa récente histoire. Mais, préalablement, nous devons achever l'examen de cette question générale :

Quelle serait, en principe, la meilleure forme de gouvernement d'un peuple civilisé, et comment s'exercerait ce gouvernement ?

Consultons toujours l'analogie; en politique, ou, plus généralement, en philosophie, nul guide n'est aussi sûr ni aussi fécond en indications positives.

Considérée comme science, la philosophie est surtout la connaissance des rapports.

Sous son inspiration, demandons-nous à quel homme appartiendrait formellement le titre d'être parfaitement gouverné dans sa vie individuelle ; la réponse est facile : Ce titre appartiendrait à celui qui, parfaitement organisé par la nature, aurait acquis les idées les plus précises, les plus étendues, et les aurait combinées dans son intelligence au gré de leurs rapports les plus vrais, les plus parfaits : Cet homme, sur tout sujet composé, posséderait, dans son organe cérébral, tous les éléments qui s'y rapporteraient; et chaque sujet composé, provoquant une détermination, se prêterait sur l'heure à une délibération intellectuelle plus ou moins rapide, à la suite de laquelle le mouvement analogue à son résultat serait imprimé.

Ne cherchons pas ici comment s'effectue en nous la faculté délibérative, ni comment se manifeste le vote qu'elle produit ; c'est encore ce que je crois avoir expliqué dans plusieurs de mes ouvrages philosophiques. Ce qui nous suffit en ce moment c'est d'être rendus certains par notre expérience que chacun de nous recèle, dans son organe cérébral, un corps délibérant qu'il convoque, ou qui se convoque, toutes les fois qu'il y a une délibération à prendre, et qui, grave ou léger, judicieux ou inconsidéré, fait toujours exécuter, par notre système musculaire, les résolutions qu'il a prises ou les jugements qu'il a portés.

Habituellement les résolutions de l'homme que nous avons pris pour modèle seraient sages et bien ordonnées, parce que, au sein de son être, son corps délibérant serait habituellement dans l'état d'ordre et de sagesse. Pour le conduire à cet état calme et salutaire, il aurait d'abord écarté les idées jeunes et inexpérimentées, parce que lui-même, mûri par l'âge, la réflexion, l'expérience, se serait rappelé les erreurs et les fautes dans lesquelles, pendant sa jeunesse, il serait tombé par entraînement irréfléchi. Cet homme grave aurait fini par instituer en lui-même un code de principes régulateurs, de maximes d'honneur, de probité, de justice, qui toujours présideraient ses conférences mentales, en dirigeraient les débats, et les conduiraient paisiblement à la solution la plus convenable, la plus conciliante, la plus utile.

Voilà, en réalité, dans la nature, le type gouvernemental, sur lequel les sociétés humaines doivent calquer leur organisation politique. Au sommet de l'axe vital elles doivent instituer une Royauté cérébrale, un foyer continu, chargé de régler l'action et le sentiment sur tous les points de l'économie. De ce centre doivent découler tous les appareils vitaux que les grandes nervosités représentent dans le corps de l'homme : l'appareil judiciaire, balançant les uns par les autres tous les intérêts, l'appareil administratif, distribuant avec ordre les fruits de la richesse commune, l'appareil musculaire prêtant main-forte à l'exécution de toutes les lois d'un intérêt général.

Toutes ces nervosités sociales rayonnent du centre vers la circonférence ; mais, dans le corps humain, il est une quatrième nervosité qui marche, au contraire, de tous les points de la surface, et spécialement de tous les organes sensibles qui y sont placés, vers le centre cérébral ; c'est celle qui, en commerce immédiat avec les objets extérieurs, va déposer, au sein de ce foyer central, les éléments des idées. Ici l'analogie se modifie : Dans le corps social, ce n'est pas seulement de la circonférence que partent les éléments des idées, c'est de tous les points de la masse générale, parce que à tous ces points résident des êtres intelligents. Mais l'analogie reprend sa force ; car toutes les idées produites dans l'ensemble de la substance générale, tendent sans cesse, comme dans le corps de l'individu, à se porter vers le foyer central, vers le siége du gouvernement, parce que c'est là qu'elles doivent s'élaborer de la manière la plus avantageuse, parce que d'ailleurs leur destinée la plus élevée est de concourir, médiatement ou immédiatement, à la marche du gouvernement, parce que, enfin, elles ont elles-mêmes un besoin pressant d'être gouvernées ; naturellement ; elles sont toutes, entre elles, très-susceptibles de divergence.

Or les idées ne peuvent être gouvernées que par des idées, puisque, dans la nature, rien n'est au-dessus d'elles ; il est donc nécessaire qu'au sein même de ce foyer central où elles travaillent toutes à se rendre, elles se concertent pour composer, ou laisser se composer, un aréopage suprême, semblable à celui qui s'est formé dans le centre cérébral de l'homme très bien organisé et parfaitement ordonné. Pour que le gouvernement social soit complet, il faut donc que, à la puissance judiciaire, à la puissance administrative, à la puissance exécutive, ou musculaire, ou militaire, il joigne la puissance législative. Tel est, en chacun de nous, l'ensemble des attributions vitales de notre gouvernement organique, siégeant en nous dans le cerveau. Et, ne l'oublions jamais : l'analogie, c'est l'unité dans la variété universelle, c'est la nature ; c'est la vérité, ou, plus exactement, c'est ce qu'il y a de plus rationnel, de plus philosophique, dans le système général de la vérité.

Marchons donc avec assurance; par la ligne que nous avons prise, nous ne pouvons craindre de nous égarer.

Au foyer cérébral de chacun de nous, ce sont des idées qui se rassemblent; au foyer cérébral de chaque société humaine, se rassemblent, ou tendent à se rassembler, des hommes possesseurs d'idées, par lesquelles chacun se distingue plus ou moins de tous ses contemporains, comme il s'en distingue par les traits de sa figure; il s'en distingue également par la mesure de sa capacité, par les qualités de son caractère, par les circonstances de sa position, par sa fortune, par l'étendue de ses lumières et la précision de son expérience. De ces diverses conditions, diversement combinées, résulte l'opinion, plus ou moins avantageuse, plus ou moins élevée, que chaque citoyen d'un État donne, de lui-même, à ceux qui l'environnent.

Eh bien! personnifions, en ce moment, la perfection civique : Voilà, sous nos yeux, un homme possesseur, ou par héritage, ou par le fruit d'honorables travaux, d'une grande propriété territoriale; il tient par elle à la prospérité et à la tranquillité de l'État; de plus il est le chef respecté d'une famille, personnelle ou adoptive, genre de lien éminemment social; de plus encore, parvenu à l'âge mûr, revenu des illusions de la jeunesse, il a exercé pendant plusieurs années des fonctions judiciaires ou administratives qui ont montré en lui une capacité puissante, une âme noble, une probité sévère, un esprit juste, un zèle éclairé, une humeur bienveillante; toutes les personnes avec lesquelles il a eu des rapports sont pénétrées pour lui d'estime et de confiance, un tel homme ne représente-t-il point, dans sa sphère locale, chacune des idées fortes et graves fixées dans la pensée du sage que nous avons pris pour modèle? N'est-il pas naturellement appelé à faire partie du gouvernement de l'État? Que tous les hommes d'un mérite semblable, fournis par la génération contemporaine, forment avec lui un corps permanent, inamovible même; qu'ils ne tiennent chacun leur promotion que des sentiments honorables qu'ils ont généralement inspirés, et que, pour la manifestation de ces sentiments, il y ait, de la part de chaque citoyen consulté par le magistrat local, une déclaration écrite, formelle, authentique, motivée : à de telles conditions le grand organe cérébral de la société ne recélera-t-il point une assemblée délibérante éminemment digne de la fonction législative? Par son zèle, sa gravité, sa capacité, sa vigilance, n'affermira-t-elle pas, dans le corps social, les deux biens qui lui sont si nécessaires, la stabilité du mécanisme et la liberté des mouvements?

Deux sections distinctes dans ce corps régulateur n'y formeraient qu'une complication embarrassante. Pourquoi ces deux chambres législatives dans le gouvernement d'un peuple tel que le peuple français, lorsque, dans son habitude politique, il n'y a plus de féodalité? En chacun de nous, il n'y a pas deux collections organiques d'idées, il n'y en a qu'une, mais dans laquelle sont représentés d'un côté nos intérêts personnels, nos droits, et, du côté opposé, les droits, les intérêts de nos semblables. C'est entre leurs réclamations plus ou moins divergentes que nous avons à délibérer au gré de la raison, de la justice. Plus d'une fois sans doute, même dans l'homme le plus sage, le combat, quelques moments indécis, se termine par le triomphe de la personnalité; les avocats du devoir ont alors succombé. Ceux de la prudence succombent aussi de temps à autre lorsque des erreurs séduisantes entrent en lice avec des vérités sans attraits. En ces moments, le côté gauche de l'assemblée intérieure est vainqueur du côté droit. Mais viennent ensuite les expiations qui donnent du regret, qui forment l'expérience, et rendent, pour l'avenir, au côté droit, une majorité habituelle. D'ailleurs, le fonds général de la pensée est toujours le même, et et il y a toujours unité de constitution.

Principe général : Toute bonne organisation d'un être composé est éminemment simple; et elle se fait elle-même, on ne la fait pas, témoin l'organisation vitale du corps de l'homme, du corps de chaque animal, de chaque végétal.

Dans une armée puissante, ce ne sont point les soldats qui ont nommé les chefs; ceux-ci se sont élevés par leurs propres forces; il en est ainsi de tous les hommes arrivés à des situations éminentes. Nulle part, dans la nature, *l'élection* n'est une force en travail; c'est *l'élaboration* qui sans cesse agit et organise; *l'élection*, en politique, n'est chose sincère que lorsqu'elle n'est pas préméditée, lorsqu'elle ne fait que consacrer un suffrage déjà prononcé. Telle a été, aux États-Unis, celle de Washington; en France, celle de Napoléon, celle de Louis-Philippe. Mais, chez un peuple civilisé, sitôt que, sous le titre d'électeurs, des hommes forment une réunion fortuite et à délibérations secrètes, à *scrutin secret*, ce sont aussitôt les intérêts individuels qui entrent en exercice, et c'est l'intrigue qui résume, à son profit, leurs manœuvres, leurs divergences. Vous songez à multiplier les électeurs! Plus ils seront nombreux, plus le champ de l'intrigue sera obscur et commode pour elle.

Que la fonction gouvernementale la plus grave, la plus sacrée, en soit donc affranchie. Pour cette fonction de législateur, il faudrait une classe d'hommes supérieurs aux besoins et aux passions de l'humanité; confions-nous du moins à ceux qui naturellement les dominent davantage; et soyons attentifs à donner, au corps suprême qu'ils composent, le plus qu'il est possible d'aplomb et de dignité; car sa grande force doit reposer sur la confiance publique, laquelle se retire de tout ce qui est précaire et vacillant.

Que les hommes jeunes, et à grands talents naturels, mais encore isolés sur la scène politique, aspirent donc à y prendre un jour une noble place; que pour cela ils se fassent considérer par leurs services et leur zèle dans des carrières utiles, qu'ils acquièrent d'honorables propriétés, qu'ils contractent les doux liens de famille, qu'ils se donnent des droits soutenus à l'affection et à l'estime populaires; que, tous ces biens obtenus, ils prennent ensuite patience; les bénéfices de l'âge leur seront apportés par la marche du temps. C'est une aristocratie à portes ouvertes que désormais il s'agit de fonder;

ce n'est plus une féodalité compacte, entourée de barrières que le mérite ne puisse franchir.

Et la démocratie, direz-vous, cette action vive et productrice, quelle sera sa place dans une telle organisation sociale? Ici, rentrons dans l'étude des faits fondamentaux, dans l'étude physiologique de notre être; et, à cette occasion, donnons-en le mieux possible une idée précise; c'est la base de toute notre argumentation philosophique.

En considérant notre être dans un moment donné, quels sont les éléments qui le composent? A l'instant, par exemple, où je viens de saisir un aliment qui me plaît, et où je l'adresse à mon estomac, les principes constituants de cet aliment forment-ils déjà partie de ma substance?

Non, pas encore; ils ne me sont pas encore *assimilés*; un travail préparatoire, plus ou moins compliqué, plus ou moins rapide, leur est nécessaire pour qu'ils soient devenus, en réalité, portion intégrante de mon individu.

Et, au terme de cette préparation, que sont-ils? où sont-ils? quelle place occupent-ils dans l'espace que mon être occupe? Ils sont dans mon *sang*; ils font partie de mon sang; ils circulent avec lui. Mon sang, c'est la base radicale de mon existence propre et individuelle; tout ce qui vient en moi, et m'est convenable, sert à le composer; et, à son tour, il ne garde rien de ce qui le compose; sans cesse en mouvement dans tous les points de mon économie, il y distribue sans cesse tout ce qu'il a reçu. Mécanisme initial, profondément admirable. Mais insistons sur ce titre : mécanisme initial, et jamais autre chose qu'initial. Il est commandé à mon sang de toujours entretenir, par renouvellement, par remplacement, toute la substance de mon être, mais de ne jamais s'arrêter, se rassembler, se fixer, se concréter nulle part. Ce qui, par transsudation ou élaboration, le quitte pour devenir, à demeure, partie intégrante d'organes, et, entre autres, des vaisseaux même qui le contiennent, n'est plus du sang, n'en a plus le caractère, les propriétés.

Quel est, dans les sociétés humaines, l'analogue de ce liquide fondamental? C'est la classe continuellement occupée de travaux mécaniques, base radicale de l'agrégation politique, à laquelle il est enjoint, par sa nature, de toujours se mouvoir, de toujours travailler. Partout où elle se rassemble dans un autre but que le travail mécanique, partout où, étant rassemblée, elle devient stagnante de corps, active seulement de désirs, de raisonnement, d'imagination, d'intelligence, elle s'altère; elle passe, comme le sang accumulé, à l'état funeste d'*inflammation*.

Mais de mon sang, pendant son mouvement circulatoire, et à la faveur même de l'état sain et vital que ce mouvement lui conserve, jaillissent, par expansion plus ou moins ardente, ceux de ses principes qui se sont plus ou moins élaborés au-dessus de la masse commune.

Cet emploi de la substance du sang commence en nous avant même notre naissance, et pendant les neuf mois de la vie utérine; alors se forme graduellement tout notre système nerveux, et c'est le sang qui en fournit les matériaux. « Les nerfs latéraux du tronc et de la tête, dit M. Serres, sont les premiers formés; ils existent indépendamment de la moelle épinière, indépendamment de l'encéphale; ces nerfs ont acquis tout leur développement, lorsque l'axe cérébro-spinal est encore liquide, lorsqu'il n'a pas même revêtu ses formes primitives. Tout le système nerveux, ajoute ce célèbre anatomiste, se développe de la circonférence au centre, et l'origine de chaque cordon nerveux se trouve dans l'organe auquel on a cru qu'il se distribuait; c'est, au contraire, sur l'axe cérébro-spinal, duquel, jusqu'à ce jour, on l'a fait provenir, que sa terminaison l'insère. »

M. Longet, auquel j'emprunte cette citation, dit encore: « Si l'évolution nerveuse avait lieu du centre à la circonférence, comme on le supposait, comment pourrait-on expliquer la présence d'un tronçon médullaire chez les acéphales réduits au thorax, ou même à l'abdomen? Il n'y a, dans ce cas, ni moelle allongée, centre d'irradiation supposé, ni artères vertébrales ; mais les artères thoraciques ou lombaires ont suffi à la formation de la portion de moelle existante. Chaque partie du système nerveux semble naître à sa place, et ne procède point d'un centre. »

Non, mais, par les progrès simultanés de toutes les parties, et, ensuite, par leurs sympathies réciproques, elles finissent par s'unir systématiquement et constituer en commun un foyer d'action, un monarque cérébral, agissant alors du centre à la circonférence, condition nécessaire à la puissance de tout gouvernement.

Néanmoins, et ceci doit être attentivement remarqué : toute notre économie organique n'est pas directement comprise sous le rayon de l'action cérébrale ; il est encore, en nous, un appareil nerveux, entièrement distinct de l'appareil cérébro-spinal, et de grande importance. Le célèbre Bichat est le premier anatomiste qui l'ait soigneusement étudié; récemment, M. Longet a développé les fruits de cette grande étude, dont le résultat, pour la science philosophique, paraît être de pouvoir considérer ce nerf *grand sympathique* comme l'organe spécialement *démocratique* dans le corps humain. En effet, cet appareil nerveux ne tire pas son origine du foyer cérébral puisque, au rapport de M. Breschet, de M. Serres et d'autres grands anatomistes, il existe, et très-développé, dans le corps des acéphales; il procède de la transsudation nerveuse de tous les organes subalternes, et particulièrement des artères du bassin ; cette transsudation, vive, féconde, pressée, se porte gêne à elle-même ; chacune de ses sources, réduite à se condenser, à tourbillonner autour de son centre d'émission, forme un groupe, un *ganglion* ; et toutes ces compositions adventives sont indéfiniment variées de position, de nombre, de couleur, de consistance ; ce qui est le caractère essentiellement démocratique ; ce qui encore conduit à les considérer comme formant, dans l'économie générale du corps de l'homme, l'administration locale et particulière ; et, en effet, toutes ces administrations locales communiquent entre elles, chacune avec celles de son voisinage ; elles sont en rapport de commerce journalier, par l'entremise de filaments, de chemins vicinaux, pour ainsi dire, qu'elles s'adressent mutuellement ; mais elles ne forment point un corps continu, ayant, comme chaque cordon cérébral, deux extrémités, l'une supérieure, l'autre inférieure ; seulement chacune, indépendamment de ses relations de voisinage immédiat, adresse des filaments plus prononcés à la moelle épinière qui est le véritable appareil de l'administration générale, et qui adresse de son côté des filets nerveux à ce que l'on pourrait appeler chaque municipalité organique. Enfin, pour le complément de la similitude, chaque municipalité locale dirige, par esprit d'unité, des filets nerveux vers le monarque cérébral ; mais ils n'aboutissent pas jusqu'au foyer de l'action centrale ; ce foyer lui-même ne fait pas pénétrer son rayonnement immédiat jusqu'aux ganglions particuliers ; c'est seulement par l'entremise des nerfs spinaux, véritables administrateurs des départements, qu'il exerce sur eux son influence ; en sorte que, dans l'état ordinaire et normal, il y a réciproque indépendance entre le monarque cérébral et l'appareil démocratique. Celui-ci porte son action habituelle et spéciale vers les organes fondamentaux, préparateurs, producteurs, tels que l'estomac et autres viscères abdominaux, qu'il anime, sans d'ailleurs les maîtriser. Aussi, chose très-remarquable, ces viscères abdominaux sont privés de tout mouvement volontaire, parce que la nervosité qui les pénètre est exclusivement locale, sans commerce essentiel et habituel avec le foyer des idées, source habituelle et essentielle de la volonté.

Mais qu'arrive-t-il lorsque le cerveau s'exalte, lorsqu'il imprime des mouvements exagérés, soit au système musculaire, soit aux organes des sens ou de la pensée? Par cet excès d'action il dévie à son profit la plus grande partie de l'expansion nerveuse ; il entraîne pour cette raison, vers le point qu'il occupe, un afflux exagéré du sang producteur immédiat de nouveau fluide nerveux. Tout l'équilibre alors tend à se rompre; un degré de plus le balancement vital cesse par encombrement du vase cérébral. Mais d'ordinaire, avant ce terme, lorsque d'ailleurs le sujet est encore jeune et puissant, une réaction violente part du grand organe démocratique; elle met à son tour, en œuvre exagérée, toute l'action abdominale; et alors, de deux choses l'une, ou elle détermine une explosion hémorrhagique qui évacue brusquement le trop-plein des humeurs, ou bien, avant que la congestion fatale ait eu le temps de s'accomplir, le groupe innombrable de ganglions, siégeant dans l'épigastre, forme une coalition nerveuse tellement forte et véhémente, que son expansion s'étend jusqu'au cerveau, s'empare de ses fonctions, produit à sa place les actes volontaires, les actes musculaires, les actes intellectuels, mais avec l'impétuosité la plus désordonnée; c'est alors l'état de *démence furieuse* qui, par ses mouvements précipités, déréglés, terribles, supplée à l'hémorrhagie, et dépense l'exaltation vitale à la manière des volcans.

Tel est, dans ces effrayantes circonstances, le ministère de la démocratie organique; il arrive comme instrument de répression ou de correction; et le plus souvent, sa brutalité elle-même a besoin immédiatement d'être corrigée ou réprimée; ses témoins ou ses victimes sollicitent un homme calme et vigoureux de saisir le *fou*, et de l'enchaîner ou de l'enfermer.

Sans doute, dans le cas que nous venons de décrire, les premiers torts étaient du côté de l'usurpation cérébrale; mais l'aliénation mentale a bien des nuances, bien des degrés, et presque toujours, disent les médecins physiologistes, elle a pour symptôme le déréglement de la région épigastrique, et, pour cause prochaine ou éloignée, l'exercice trop vif ou trop soutenu des organes à mouvements involontaires, à mouvements démocratiques, tels que l'estomac et l'organe de la génération. Or, la position et la constitution de ces organes dans notre économie, nous ramènent à l'observation très-importante de MM. Serres et Breschet : dans le fœtus acéphale, le nerf grand sympathique existe; les rudiments de la moelle épinière existent, et il n'y a point de cerveau. Cela démontre que la gradation du développement organique dans l'être humain est de la nervosité abdominale à la nervosité cérébrale, en passant par la nervosité spinale; en sorte que la nervosité abdominale, toujours jeune, toujours naissante, reste toujours la plus avide d'extension, d'accroissement. D'où il suit qu'il ne faut pas gêner l'exercice de cette nervosité; par l'oppression on l'irriterait, on monterait son ressort; mais il ne faut pas non plus l'exciter, la favoriser outre mesure; pour aller utilement à son but, il lui suffit d'être sagement laissée à son inclination naturelle.

De même, dans tout corps social, la gradation du développement organique a été de la démocratie à la royauté en passant par l'aristocratie; et la nervosité démocratique, toujours en contact immédiat avec la classe mécaniquement occupée, est naturellement toujours d'une expansibilité plus vive, plus neuve, que celle des deux autres nervosités sociales; il faut donc protéger son exercice, assurer sa liberté, mais il faut soigneusement éviter d'exalter son élan naturel par des institutions qui lui soient trop favorables, car le temps viendrait bientôt où l'on ne pourrait plus l'arrêter. Ne l'oublions pas : pour les peuples, comme pour les individus, tout état d'aliénation mentale est le fruit d'une exaltation démocratique.

On le voit maintenant : la théorie physiologique du gouvernement de notre être individuel, et la théorie politique du gouvernement de chaque peuple, considérées l'une et l'autre en principe, sont parfaitement analogues entre elles; il n'y a de différence que du simple au composé. Dans chaque peuple, comme dans chaque individu, immédiatement au-dessus du sang, au-dessus de la classe laborieuse, matrice de l'organisme, mais non encore organisée, est la démocratie, ou nervosité naissante, essentiellement croissante, pour cette raison en activité inquiète, souvent imprudente. L'aristocratie, avant-garde à la fois du monarque et du peuple, médiatrice entre la fin et le commencement, est la nervosité organique, en élaboration plus avancée, pour cette raison habituellement portée à résister au changement par crainte de destruction; ce qui l'expose à tomber, à son tour, dans une opiniâtreté inconsidérée.

Ces deux forces, essentielles l'une et l'autre, se balancent sans cesse, rarement avec une régularité parfaite, plus souvent par vicissitudes tranchées, mais toujours par pondération respective, à l'aide de plus ou moins de temps, aidé lui-même par la royauté impartiale, nervosité supérieure, qui, parvenue, dans le peuple comme dans l'individu, au sommet de l'expansion organique, n'ayant plus de vœux personnels à former, et, de plus, recelant dans sa sphère les idées directrices, la raison pratique, acquise par la méditation et l'expérience, peut, seule, tenir avec vigilance le gouvernail du vaisseau, s'asseoir ferme et inébranlable au pivot du balancement.

A de telles conditions, le gouvernement du peuple et celui de l'individu sont, l'un et l'autre, une *monarchie organique et harmonique*, ce qui est, en principe, le gouvernement institué par la nature, le gouvernement qui se fait par ses lois, par conséquent le meilleur mode de gouvernement; car, ne cessons de le dire, toutes les compositions organiques, celle de l'homme, celle de chaque animal, celle de chaque végétal, ne sont essentiellement parfaites, que parce que c'est la nature qui les fait; l'homme ne les fait pas.

Mais tous les individus de l'espèce humaine sont loin d'être physiologiquement identiques; il n'en est même pas deux qui se ressemblent avec une pleine exactitude, et, de plus, chacun devient différent de lui-même, à mesure qu'il avance dans la vie, à mesure aussi que les événements, les circonstances, changent ses rapports, sa situation. La monarchie organique doit se modifier en lui au gré de ces diverses influences.

Il en est de même de la situation politique de chaque peuple. Pour lui, comme pour chaque individu, la monarchie organique exactement parfaite est un type idéal dont la réalité absolue ne peut lui être que bien rarement, bien difficilement accordée, mais vers laquelle il doit sans cesse diriger ses efforts et ses vœux.

Suivons rapidement l'histoire récente du peuple Français. Chemin faisant nous découvrirons combien, à chaque époque, il s'est écarté de la monarchie organique, et quelles causes, jusqu'ici, l'ont empêché d'y parvenir.

NOTRE HISTOIRE POLITIQUE

DEPUIS CINQUANTE ANS.

TABLEAU PRÉLIMINAIRE.

Dans le midi de l'Europe, il y a vingt siècles, mais dans une région encore obscure, se préparait silencieusement, pour tout le genre humain, une modification profonde ; les âmes, affaissées par la tyrannie de Rome à ses derniers moments, étaient douces, timides; le Christianisme leur imprima un recueillement austère ; les corps étaient débiles ; les hommes du Nord, masse énergique et brutale, leur imposèrent un joug de fer ; les dispositions ascétiques, la résignation humble et docile, la contemplation religieuse, devinrent l'habitude générale; la jeunesse même n'eut de penchant que pour la tristesse, la solitude et le silence.

Tout le genre humain, d'ailleurs, même les hordes conquérantes, étant encore jeunes, encore dépourvues de science positive, l'imagination fut presque seule en exercice : les idées en petit nombre qu'elle poursuivit s'exaltèrent; elle en fit des dogmes opiniâtres et impérieux.

Mais la partie de l'humanité qui s'en pénétra avec le plus d'ardeur, la partie réellement chrétienne par conviction, par enthousiasme, ne put pas s'enfermer longtemps dans la retraite et la méditation, sans y contracter une grande force de conception, d'intelligence, qui, s'appliquant bientôt à l'étude des débris littéraires de l'antiquité, et des beaux monuments de la jurisprudence romaine, fit des Tertullien, des Jérôme, des Augustin, des hommes éminents dans l'art de parler et d'écrire, en même temps que vivement recommandables par la candeur et la sincérité de leurs vertus.

Le temps vint donc rapidement où, par droit de supériorité intellectuelle, les chefs de l'Église chrétienne devinrent les chefs de l'humanité ; ils gouvernèrent même la partie de la génération enflammée de la passion des conquêtes ; tous les soldats se firent chrétiens, et leurs capitaines concoururent avec d'autant plus d'empressement à cette propagation de la foi, que, parmi les dogmes dont elle se composait, était l'obéissance religieuse aux pouvoirs terrestres ; c'était Dieu même qui les établissait. Sous le rapport temporel, les premiers chefs des chrétiens étaient d'une abnégation entière.

Ainsi se fondèrent ensemble, et l'une par l'autre, deux puissances formidables, la puissance ecclésiastique et la puissance féodale, qui maîtrisèrent, par tous les genres d'autorité, la masse commune des chrétiens et des soldats.

La hiérarchie sociale semblait donc alors régulièrement assise ; le pouvoir gouvernant était exercé par les propriétaires du sol, et par les hommes d'intelligence supérieure ; l'aristocratie et la démocratie paraissaient être, chacune, à leurs places naturelles. Mais ni le sol, ni la masse sociale ne se prêtaient à une organisation de quelque consistance ; le sol n'était qu'une arène vague et informe à combats continus ; chaque plage changeait sans cesse de dominateur ; tantôt un chef suprême, un roi commandait aux grands vassaux, qui, eux-mêmes, tenaient à sa disposition tous les serfs de leurs domaines ; tantôt ces grands vassaux s'armaient les uns contre les autres, ou s'unissaient contre le roi. De cette lutte tumultueuse et continue résultaient des mœurs dures, grossières, barbares, que les ministres du Christianisme tentaient vainement d'adoucir. Et sitôt qu'un peu de sécurité s'étendait sur un peu de surface, les penchants naturels à l'humanité entraient en développement ; de son côté, l'autorité féodale devenait graduellement despotisme, tyrannie, tandis que l'autorité ecclésiastique s'altérait aussi par l'ambition d'autorité temporelle à laquelle cédaient, çà et là, des évêques, des supérieurs de monastère. En même temps la partie plébéienne de ce clergé même s'élevait tacitement par l'étude et le travail solitaires, s'affligeant de voir la partie patricienne poursuivre chaque jour davantage les richesses et le pouvoir.

Dans cette gradation, toute tramée d'anarchie, s'écoulèrent bien des siècles pendant lesquels la police sociale n'eut que deux bases : la foi dogmatique donnant une sanction sévère à ses injonctions de chasteté et de probité, et un autre genre de foi, la foi féodale, persuadant aux *petits* qu'ils étaient nés petits, que les *grands* étaient d'une espèce réellement grande au niveau de laquelle ils ne pourraient jamais s'élever; et les petits ne souffraient pas de cette idée tant qu'ils conservaient la foi chrétienne, car celle-ci avait fait de l'humilité une vertu religieuse, un sentiment exalté.

Cette fiction d'ailleurs, la foi féodale, adressait aussi de graves injonctions aux *gentilshommes*, elle leur défendait toute lâcheté, toute bassesse; ils devaient porter jusqu'au scrupule le sentiment de l'honneur; les professions commerciales leur étaient interdites comme trop exposées aux piéges de la cupidité; ils ne pouvaient être qu'agriculteurs ou soldats.

Tels étaient, pendant les siècles même du moyen âge, l'esprit du christianisme et l'esprit de la *noblesse;* mais insensiblement ils s'affaiblirent; le temps vint aux approches de notre époque où ils travaillèrent rapidement à s'effacer; la plupart des membres du haut clergé se montrèrent sans mœurs et sans croyance; de leur côté, même à la cour, les familles d'*un grand nom* trempèrent dans de honteuses indignités.

Enfin, la puissance essentiellement gouvernante dans les sociétés humaines, la puissance des idées graves, fortes, et même généralement la supériorité d'intelligence, avaient quitté les deux classes privilégiées, étaient passées largement vers la classe populaire, vers celle que l'on appelait le *Tiers-État*; la force sociale avait cessé d'être distribuée conformément à l'ordre légitime; une grande révolution était devenue nécessaire, même pour empêcher l'État de périr. Mais il était impossible que cette révolution se fît spontané ment et pour ainsi dire à l'amiable ; les deux classes privilégiées, en abandonnant, l'une les intérêts de la foi chrétienne, l'autre les intérêts de l'honneur et de la foi monarchiques, n'en tenaient que plus vivement aux intérêts de la domination et de la fortune que ces deux antiques institutions leur avaient rapportées.

Dès le commencement du XVIIIe siècle toutes ces causes de tumulte se combinent, s'échauffent, l'opinion fermente, la crise approche.

RÉVOLUTION DE 1789. — PREMIÈRE PÉRIODE.

Quelque temps encore une réforme prudente, conduisant à une monarchie tempérée, est sollicitée par tous les hommes de bon sens ; de sages ministres, Turgot, Necker, Malhesherbes, la proposent ; le frère du roi, le comte de Provence l'appuie ; Louis XVI lui-même la veut, l'approuve : prince éclairé, vertueux, mais irrésolu, défaut immense dans un roi, surtout lorsque son pouvoir est sans limites.

A force d'être retardé le besoin de changement dégénère en nécessité d'explosion ; la grande plaie des mauvais gouvernements, le délabrement des finances, rend impossible une plus longue patience. Une assemblée délibérante est convoquée, c'est la cataracte qui s'ouvre ; après quelques essais convulsifs elle aboutit à une démagogie insensée, furieuse, atroce, qui bouleverse, écrase : c'est la démence que nous avons décrite. Le désordre est extrême ; par réaction contre ses causes immédiates, la France se soumet avec précipitation, avec reconnaissance, à une dictature ferme, absolue, qui se hâte de prendre la forme monarchique afin de répondre de suite au vœu le plus général et le plus pressant.

Pour atteindre son but, Napoléon avait eu besoin d'une mesure immense d'activité et de génie. Avec un tel caractère, on est despote ; et nul homme, dans le succès, ne dépose son caractère. Passionné à la fois pour la raison et le pouvoir, pour l'instruction et pour la gloire, Napoléon ambitionne celle de commander à son siècle et à tous les siècles à venir; pour cela d'imposer par la force des armes, à tous les peuples de l'Europe, la raison et les lumières du peuple français.

Une telle précipitation, une telle exigence, si brillante, mais si indiscrète, amènent une réaction de toute l'Europe contre la France et contre la raison des Français; l'une et l'autre sont refoulées par une coalition violente; le dogme et la féodalité rentrent en France, avec les droits apparents de puissances victorieuses, et la faiblesse réelle d'idées surannées, intimement délaissées par ceux mêmes qui se montrent leurs partisans. Que pourront-ils contre des idées neuves, sincères, exaltées, passagèrement victimes de leurs propres excès! Ne l'oublions pas : ce sont les idées, vraies ou fausses, fondées ou illusoires, mais sincères, et en majorité active dans le sein d'un peuple, qui déterminent ses mouvements. Voilà pourquoi il lui importe si profondément de n'avoir que des idées saines.

Les idées françaises n'étaient point saines en 1814. Tous, nous étions passionnés pour les formes du gouvernement anglais, qui ne nous étaient nullement applicables. En Angleterre, l'action gouvernementale était exercée par la haute propriété, constituée en corps fédératif, fortifié par l'accession formelle, fanatique même, du clergé national; union intime par conséquent du pouvoir dogmatique et du pouvoir féodal. En politique, il ne peut rien exister de plus puissant, de plus formidable.

Mais, en France, rien de semblable; dès la fameuse nuit du 4 août, tous les corps à expansion répressive s'étaient fondus dans la masse du corps à expansion progressive; ce qui avait marqué le terme du balancement par faisceaux distincts, et consacré l'infusion réciproque des deux expansions sociales. Dès ce moment, plus de corps politique partiel, par conséquent nulle masse spéciale existant par elle-même, pouvant se concentrer et se faire *représenter*.

Aussi, nous avions commencé, en 1789, par ne former qu'une assemblée unique, une assemblée *constituante*, ensuite une assemblée *législative*, également unique; ensuite une *convention* encore unique, décrétant la République *une* et *indivisible*, décrétant surtout l'uniformité du malheur et le niveau de la mort. C'était affreux, et c'était de la logique. Nous essayâmes timidement de nous en écarter. Notre *conseil des anciens* et notre *conseil des cinq cents*, mis en regard l'un de l'autre, et démarqués seulement par une différence d'âge, ne formaient qu'un seul corps sans exercice de balancement; un soldat, plein à la fois de bon sens et d'audace, dissipa en un jour cette vaine chimère; et, à son tour, obéissant aux préjugés de l'époque, il institua deux simulacres de faisceaux, un *corps législatif* et un *sénat conservateur*, ayant en apparence des attributions distinctes, mais en réalité n'en ayant aucune. Sous son impulsion dictatoriale, un corps unique fut gouvernant et régulateur; ce fut le *conseil d'État*; mais, résistant à tout, excepté aux volontés du maître, il ne put le préserver de l'abîme où lui-même se précipita.

A sa chute, l'occasion aurait sans doute été heureuse pour fonder le gouvernement vrai et naturel, la monarchie organique; mais personne n'y pensait; Louis XVIII revenait d'Angleterre; comme nous tous, il l'avait mal étudiée, mal comprise; d'ailleurs, tout son entourage exigeait de lui, beaucoup plus par avidité d'intérêt personnel que par sincérité d'opinion, la résurrection des anciennes corporations religieuses et des anciennes institutions féodales; ce qu'il avait le bon sens de juger impossible; ce dont cependant il ne pouvait prévenir la téméraire tentative qu'à l'aide de corps trempés, pour ainsi dire, dans les idées du jour. D'ailleurs, encore, il mettait naturellement son amour-propre politique à contraster, le plus possible, par son genre d'attitude monarchique, avec le despotisme de Napoléon.

Par tous ces motifs, il essaya de créer, de toutes pièces,

un mécanisme de *trois pouvoirs* en contrôle réciproque, espérant imiter ainsi, autant que les circonstances le permettaient, la constitution politique du peuple anglais.

Mais il lui manquait, comme nous venons de le rappeler, une circonstance, une condition de nécessité première: l'existence connexe de deux forces distinctes, existant par elles-mêmes, en opposition réciproque, et n'ayant besoin que d'être tenues en pondération respective, par un pouvoir régnant et indépendant.

L'Angleterre possédait encore ces deux forces distinctes; la France ne les possédait plus; et, partout où elles ont existé, elles n'ont jamais été que l'œuvre du temps, sans que nulle volonté humaine pût les produire, ni les reproduire, lorsque le temps les avait détruites.

Les trois pouvoirs institués par Louis XVIII se réduisirent donc à une royauté mal définie, et une chambre parlementaire vaguement divisée en deux sections presque homogènes. Nul intermédiaire, nul modérateur, placés par la constitution entre ces deux forces antagonistes, la royauté et le Parlement, ou, plus exactement, la chambre prépondérante, la chambre des Députés, celle-ci recevant, de l'état des mœurs et des esprits, une ardeur envahissante à laquelle la royauté ne pouvait résister que par le caractère, l'habileté et l'activité de ses ministres.

Louis XVIII, à son premier retour, en 1814, ne trouva point devant lui ce bouclier si nécessaire; son premier ministère fut faible, imprévoyant; il se laissa subjuguer par les adhérents du comte d'Artois. Ce prince était le véritable roi pour le parti réactionnaire; ses intentions étaient estimables; mais, ne comprenant pas la révolution, manquant de lumières pour la juger, pour la distinguer des actes féroces ou insensés auxquels la résistance l'avait portée, il n'avait pour elle que des sentiments d'effroi ou de haine; il s'imposait le devoir de l'étouffer, et, pour cela, de remettre, autant qu'il lui serait possible, en honneur et en puissance, les idées, les habitudes, les institutions, que la révolution avait écrasées ; il ne se doutait pas que sa tentative ressemblait à celle de l'homme qui, au lieu d'encaisser le fleuve dont il craindrait les ravages, et de lui ménager entre ses deux rives un écoulement rapide, chercherait à construire une digue sur son passage ; le fleuve, accumulé et irrité par l'obstacle même, renverserait la digue, et submergerait les ouvriers.

A l'instigation du parti réacteur, des écrivains passionnés semèrent de nouveau l'inquiétude et les alarmes, aigrirent les esprits, les entraînèrent à douter de la sincérité du monarque, lui arrachèrent bien des cœurs qu'il avait gagnés, et, indignement glorieux d'un si fatal triomphe, insultèrent le siècle, le peuple Français, la philosophie, préparèrent de nouvelles secousses, en versant l'anathème sur les changements les plus utiles, et sur ceux qui, déplorables dans le principe, ne pouvaient plus être réparés.

Pendant cette période de onze mois, où se débordèrent tant d'ignorance et de délire, il s'éleva cependant quelques voix fortes, organes d'esprits très-éclairés. M. de Châteaubriant publia des *Réflexions politiques* pleines de raison et de modération. Le roi, en leur donnant son suffrage, fit non-seulement un acte de justice, mais un acte de sagesse ; car il manifesta ainsi ses propres pensées, et de telles pensées, dans son âme, méritaient d'être la sauvegarde de notre tranquillité.

Mais que sont les efforts d'un grand écrivain, ceux même d'un roi prudent et sage, lorsque le torrent qui les environne marche en sens contraire !

Dans sa retraite de l'île d'Elbe, Napoléon en entend les mugissements, en prévoit les effets. Le 20 mars, il débarque sur les côtes de Provence ; l'invasion étrangère est de nouveau provoquée, source violente de maux terribles......... peut-être moins grands que ceux qu'elle empêcha.

Oui, il est un fléau bien plus cruel que la guerre étrangère, c'est la guerre civile. Depuis vingt ans, la guerre étrangère nous sauvait de nous-mêmes ; en 1814, elle nous sauvait encore ; au moment où elle fut ramenée par l'entreprise la plus audacieuse, les poignards s'aiguisaient, les torches s'allumaient ; la France entière allait devenir un champ de carnage ; elle était couverte de tant d'hommes irrités, de tant d'hommes indignés, de tant d'hommes humiliés ! Et, parmi eux, il y avait tant de soldats !

Lorsque l'entrée de Napoléon fut jugée inévitable, le peuple français se partagea en plusieurs fractions, toutes divergentes et toutes inquiètes. Les uns gardèrent au roi un attachement sincère ; ils le suivirent dans son nouvel exil, se dévouèrent à sa cause et à sa personne.

D'autres craignirent les ressentiments de Napoléon, et cette crainte augmenta l'ardeur de leur royalisme.

D'antres encore qui, jusque-là, n'avaient franchement servi ni combattu aucun pouvoir, prirent une attitude équivoque, à l'aide de laquelle ils pussent saisir au passage les bénéfices quelconques de tous les événements.

Il y eut aussi des hommes qui profitèrent du changement de scène pour se venger des humiliations, des vexations qu'ils venaient de subir.

Mais, dans des provinces entières, en Champagne, en Lorraine, en Alsace, on a vu bien des hommes supérieurs au ressentiment, généreux et fiers, ardents pour la cause de la patrie, mais mal informés ou peu prévoyants, qui frémissaient à l'idée que si les hommes du Nord rentraient de nouveau en France, ce serait avec une fureur difficile à contenir, que leurs souverains ne composeraient plus avec le peuple français, qu'ils mutileraient son territoire, qu'ils le partageraient. Une telle perspective tournait vers Napoléon ceux mêmes qui blâmaient le plus son audace.

Trois mois s'écoulent ; les mouvements se précipitent ; les armées se heurtent ; un abime s'ouvre, nos soldats s'y engloutissent : l'Europe marche encore sur Paris.

Le roi rentre dans la capitale avec ses droits, ses intentions, avec sa pensée toujours sage et conciliante, de plus, avec une persuasion légitime qu'il exprimait ainsi : *Au retour de Napoléon, j'aurais abdiqué le trône, que l'invasion n'aurait pas été prévenue.*

Non, elle n'aurait eu que plus d'ardeur, et, secondée par nos divisions, par notre désespoir, par notre valeur même, elle se serait terminée par notre anéantissement. En ce moment, la France n'existerait plus.

Mais en quel état Louis XVIII retrouvait-il la France, et, entouré des hommes si formidables qui venaient de relever une seconde fois sa couronne, quelle garantie pouvait-il offrir de notre tranquillité?

Ici commence une période d'une complication extrême. Et puisque le roi tient encore à partager, avec des corps, nommés représentatifs, le poids du gouvernement, ici augmente, pour lui, la nécessité d'un ministère animé d'intentions conciliantes, mais vigilant et ferme, qui, toujours sur la brèche, toujours en face d'assaillants infatigables, s'occupe sans cesse, ou de les écarter, ou de les apaiser, ou de les réduire à l'impuissance.

Louis XVIII composa son ministère d'hommes capables d'apprécier un tel devoir, et de le remplir; à MM. Lainé, Deserre, Molé, Pasquier, il donna pour chef l'homme le plus estimé de l'Europe, M. de Richelieu, et le ressort du mécanisme ministériel, il le confia à un jeune homme d'une maturité précoce, d'un regard pénétrant, d'un dévouement inaltérable, d'une activité sans négligence, sachant parler et se taire, déjà rompu à la discussion des affaires épineuses, et au maniement des grandes populations; il avait rempli successivement, et avec autant d'habileté que de sagesse, et dans les circonstances les plus critiques, les fonctions de conseiller à la cour impériale, et celles de préfet de police (1).

(1) En définissant ainsi M. Decazes, je n'écoute que les inspirations de la justice; mais je ne dissimule pas que l'expression de cette justice est, pour moi, une satisfaction profonde. M. Decazes, vers les premiers temps de son ministère, soutint, releva mon existence, alors très-malheureuse. Sans lui, je n'aurais eu ni la sécurité, ni le loisir nécessaires à mes travaux.

M. Decazes, par la rectitude de son esprit, ainsi que par la sûreté et l'énergie de son caractère, devint bientôt le dépositaire intime de toutes les pensées, de toutes les intentions du roi, et, en ce moment, quelle anxiété dans les intentions et les pensées royales! Quel tumulte, et en même temps quelle stupeur dans les sentiments du peuple français!

Ce grand peuple est désarmé; sur son territoire se fixent des camps d'observation; une contribution pesante lui est imposée; telles sont les relations, justes, il n'est que trop vrai, mais rigoureuses, cruelles, qui s'établissent entre la France et le vainqueur.

Et pour le gouvernement français quelle position délicate et difficile! Son devoir est à la fois de ménager toutes les amertumes d'un peuple dans l'infortune, et de tenir, en son nom, tous les engagements de la nécessité!

Tout peuple qui souffre est naturellement porté à l'injustice; et lorsque ses diverses parties sont déjà en opposition mutuelle, l'animosité, l'irritation, sont pour chacune un soulagement. La France, déjà divisée au mois de mars 1815, devait, trois mois après, ne plus être, dans toute son étendue, qu'une plage de haine et de discorde. D'une part, triomphes insultants; de l'autre, fureur étouffée; ici, orgueil, menaces, injures; là, dépit, révolte, honte ou frayeur!

Ah! si du moins la masse populaire avait pu être rendue aux travaux des champs et de l'industrie! Dans ces occupations pacifiques, son humeur se serait évanouie, sa colère se serait dissipée. Mais la charte a commandé; l'action électorale entre en exercice; elle met en collision, en fermentation, tous les amours-propres, tous les fanatismes, toutes les passions; elle finit par fonder un despotisme intolérant.

Les assemblées se forment, mais sous quelle influence? La victoire, en ce moment, est à un parti violent et aveugle, qui, déjà l'année précédente, a compromis tous les intérêts de la monarchie, qui maintenant vient de trembler et de souffrir. Égaré par le besoin de vengeance, exalté par l'espoir de tout saisir, il soumet presque partout les élections à sa tyrannie.

Jamais il n'y eut d'assemblées moins libres, moins nationales, que celles qui eurent pour résultat la chambre de 1815. Un grand nombre d'hommes attachés à leur patrie, ou y étaient subjugués par la crainte, ou ne s'y étaient point rendus. Quel état convulsif ne devait pas en être la suite !

Il ne tarda pas à se manifester. Les chambres sont convoquées, la session commence. Fidèle à l'esprit qui l'a formée, la chambre des députés porte sans cesse le mouvement politique en sens inverse du mouvement social. La politique saine, la politique prévoyante, conseillait de tout calmer, et de beaucoup pardonner, même sans faire valoir l'indulgence. Au contraire, le parti réactionnaire ne s'attache qu'à flétrir le vaincu, à effrayer l'innocent, à désespérer le coupable. Le gouvernement lui-même, fatalement dominé par les hommes implacables, est contraint de donner à sa fermeté le caractère de la rigueur. Impatient de consoler, de se faire bénir, il debute forcément par frapper çà et là des coups qui jettent l'épouvante.

Ah ! dans les discordes civiles, ce n'est jamais que l'indulgence qui désarme et apaise. Mais des hommes que la passion rassemble, s'exaltent mutuellement et se font un point d'honneur d'une sévérité cruelle. Si la chambre de 1815 en avait eu le temps, elle aurait reproduit la Convention sur une ligne inverse.

Mais elle fut arrêtée, non sans de grandes difficultés. Chaque jour plus ambitieuse de pouvoir, comme tout corps délibérant que la passion domine, elle manifeste bientôt l'intention d'empiéter sur les prérogatives de la couronne. Sous le prétexte de perfectionner la constitution, elle réclame le droit d'initiative. Le gouvernement voit le but ; il pressent les dangers ; par un premier coup d'État, il disperse la chambre, n'osant encore la dissoudre ; les réactionnaires ne cachent point leur dépit ; ils vont dans les départements recevoir les ovations de leurs adhérents fanatiques ; l'incendie alors prend une extension menaçante ; toutes les haines se choquent; toutes les passions fermentent ; sur les principaux centres de population, à Grenoble, à Lyon, à Bordeaux, la sédition est prête à sortir tout armée des entrailles de la terre ; un grand acte l'étouffe dans son foyer ; le 5 septembre, la chambre fatale est anéantie ; l'État est sauvé ; et les acclamations partent de tous les points de l'horison, et l'Europe les répète, et tous les souverains félicitent le gouvernement français, se félicitent eux-mêmes de ce que la révolution de 93 n'a pas été rallumée par les torches de la contre-révolution.

DEUXIÈME PÉRIODE.

Passons au lendemain de cette mémorable journée. L'ordonnance du 5 septembre tranchait dans le vif ; elle brisait subitement l'impulsion désastreuse qui portait l'Etat excessivement en arrière du siècle et de la liberté politique. Ce n'était pas, par conséquent, le repos qui pouvait succéder immédiatement à l'acte formidable qui arrêtait cette impulsion. Dans le sein de tout peuple, comme de tout être vivant, deux forces essentielles sont toujours en instance réciproque. Si l'une des deux forces a violemment opprimé l'autre, mais ne l'a point anéantie, ce qui aurait immédiatement amené la mort, la seconde force, en se relevant, ne peut qu'être excitée à une énergie mesurée d'avance par l'oppression même qu'elle vient de subir, énergie par conséquent excessive, et qui finira par provoquer le retour de toute la tyrannie antérieure, qu'elle remplacera encore, pour la provoquer de nouveau, en sorte que, par une oscillation toujours impétueuse, l'Etat ne fera jamais que changer d'oppresseurs. Non ; il ne faut en politique qu'une oscillation douce, ondulante, et l'art du gouvernement consiste à y réduire les mouvements généraux.

Cette intention salutaire fut manifestée par Louis XVIII

et ses ministres. Ils laissèrent intervenir dans les élections qui succédèrent au 5 septembre le parti opposé à celui qu'ils venaient d'abattre : ils n'auraient pu l'empêcher de s'y introduire et d'y exercer une influence prépondérante ; en ce moment, elle lui était conférée par la loi même du balancement ; mais ils eurent soin de modérer cette influence ; ils ne permirent point au parti révolutionnaire de s'avancer au gré de ses ressentiments ; à un certain terme, ils retinrent sa marche envahissante ; les plus exaltés s'étonnèrent, s'irritèrent ; ils ne tardèrent pas à former, pour un temps postérieur, un second noyau de mécontents.

Et tel fut, dès ce moment, la situation du gouvernement sur la scène politique. Balancer, les unes par les autres, les intentions, les prétentions des deux partis, c'était son devoir, puisque le balancement est la loi éternelle et universelle ; mais de part et d'autre, sur le sol français, à la suite de l'ébranlement si vaste, si profond, produit par la révolution du siècle, les intentions, les prétentions ne pouvaient, longtemps encore, que manquer de mesure ; leur résister, même avec ménagement, c'était les froisser, les irriter, c'était les réunir dans une disposition commune ; c'était substituer plus d'une fois, à leurs sentiments de haine réciproque, la haine de l'obstacle bienfaisant qui les arrêtait.

Tel est le vrai jour sous lequel doit être vue l'action ministérielle, à l'époque si agitée que nous retraçons ; et ajoutons que tel doit être toujours, dans une monarchie, l'esprit de l'action ministérielle. Le ministère, c'est la main du roi, c'est l'agent immédiat de la royauté. Or, ce qui, dans un grand état, rend la monarchie nécessaire et l'hérédité légitime, c'est que le chef du corps politique, chargé de tenir une balance unique, et d'en surveiller les bassins, doit, par sa nature, être supérieur et étranger aux êtres qui s'y meuvent. Il faut que, par un privilége ressemblant à celui de la Divinité, il ne puisse point périr, afin que, n'étant point soumis à la pensée du temps qui s'écoule et du terme qui vient, il puisse avoir toute l'équité de l'indépendance.

L'agent immédiat de la royauté, le ministère, doit se montrer de même *étranger aux partis;* c'est la définition technique de l'*impartialité.* Dans les monarchies constitutionnelles surtout, et à leurs époques même de vitalité calme et prospère, l'ensemble du peuple est toujours agité par le besoin de l'exhaussement, et aux époques de vitalité critique et impétueuse, il est agité par le besoin de l'irruption hors de toutes limites : de là découle l'esprit de faction; et l'esprit de faction est le précurseur immédiat de la guerre civile. La royauté alors ne doit pas être seulement vigilante et équitable; elle doit être encore ferme et répressive, mais toujours impartiale; ce qui fait que l'observateur désintéressé a un moyen sûr de reconnaître si elle possède ces caractères. Les hommes extrêmes dans les partis extrêmes, se plaignent-ils de l'action royale et de la direction qui lui est imprimée? Sont-ils tous irrités contre le ministère; leur animosité mutuelle est-elle suspendue, et comme fondue dans une commune animosité? Il n'en faut pas davantage; l'action royale est convenablement dirigée; le ministère remplit ses importants devoirs.

L'histoire dira combien ces caractères irrécusables appartinrent au gouvernement de Louis XVIII, tant qu'il fut confié à la direction de MM. de Richelieu, Decazes, Lainé, Pasquier, Deserre, Siméon, Mounier. De temps à autre quelques essais d'agitation n'empêchèrent point que les deux partis ne fussent également contenus, et par cela même toujours en communauté de plaintes et d'amertume.

Si ce mode d'action ministérielle avait pu se maintenir, la révolution se serait consommée graduellement, paisiblement, sans retours effrayants aux convulsions, aux secousses. Mais, quelles que fussent la vigilance, l'activité, l'impartialité du roi et de M. Decazes, la balance entre leurs mains ne pouvait rester longtemps en équilibre; dans l'un des bassins se plaçait un poids qui ne pouvait être écarté, et que, dans l'autre bassin, rien ne pouvait neutraliser. Le comte d'Artois ralliait tous les ennemis de la révolution, et Louis XVIII avançait en âge, encore plus en infirmités ; il n'avait point d'enfants, le comte d'Artois se présentait à l'opinion générale comme l'héritier prochain de la couronne. C'en était bien assez pour augmenter indéfiniment, et le nombre et l'ardeur de ses partisans ; en sa faveur conspiraient les passions et les espérances ; sur Louis XVIII, au contraire, se réunissaient, avec les défiances et les préventions du parti progressif, les animosités du parti réacteur. Pour affaiblir celles-ci il cédait malgré lui à des injonctions funestes, à celle entre autres de laisser la France se couvrir d'absurdes missionnaires, ce qui eut pour effet rapide de rendre odieuses et ridicules la Religion et la Restauration.

Dès ce moment la royauté de Louis XVIII perdit sans retour les deux premiers appuis de toute autorité sur la terre, l'estime et l'affection du peuple. Il fallut suppléer à ces appuis par la censure des journaux, par l'action de la police, en un mot par des mesures de trempe arbitraire, en contraste avec nos mœurs, et ne pouvant, avec les meilleures intentions, être exercées sans vexations, sans caprices, sans injustices.

La haine contre le roi en fut augmentée. Vainement on divulgua, en pleine tribune même et sans être démenti, l'existence, l'influence d'un gouvernement occulte imposant ses lois au chef de l'Etat, ayant lui-même pour chef le comte d'Artois. De deux choses l'une, répondait le peuple : ou le roi se soumet et ordonne à ses ministres de se soumettre, et alors il n'y a dans son gouvernement que lâcheté et impuissance, ou bien Louis XVIII pense comme son frère, il n'a que l'hypocrisie du bon sens et du patriotisme ; c'est dans le fond de l'âme un tartufe et un tyran.

Cet odieux jugement fut bientôt le plus répandu, parce que les accusations les plus exagérées sont le soulagement des âmes pénétrées de haine. Rien ne put les éclairer ni les adoucir, pas même la haine brutale des réactionnaires contre

Louis XVIII. Elle devint cependant bien manifeste; non-seulement ils abreuvèrent ce prince d'injures et de calomnies, mais une demi-bombe placée et allumée dans son cabinet, lui signifia que s'il persistait à jouer le rôle de conciliateur, on placerait sous son trône une bombe entière. Un royalisme de cette trempe n'est-il pas bien voisin du libéralisme de la Convention?

Et pourquoi, demandera-t-on, Louis XVIII laissait-il de telles manœuvres impunies? Quel prince dans l'histoire a jamais supporté tant d'outrages et d'humiliations? Quoi! pas une parole d'indignation, pas un acte de sévérité, pas un exemple! Que devenait en ce moment l'énergie du ministre?

Le ministre, à coup sûr, frémissait ainsi que le prince lui-même; mais que pouvaient-ils faire? Pour s'indigner avec efficacité contre de tels attentats, pour les punir, il aurait fallu disposer d'une puissance formidable et dévouée. Louis XVIII n'en avait aucune, tous les vieux débris de l'armée de Napoléon étaient dispersés, flétris. Un seul sentiment aurait pu les réunir encore, et c'était la haine contre la Restauration. Il ne restait de force militaire en armes et en exercice que les gardes du corps, les suisses, la garde royale; la faction réactive les commandait; à la moindre velléité de caractère et de vigueur montrée par Louis XVIII, une révolution de palais se serait accomplie en vingt-quatre heures, et dès le lendemain se serait ranimée la tempête révolutionnaire.

Il fallait donc, par l'appréhension de maux épouvantables, plier sous un joug désolant, travailler tacitement à le dissoudre, et c'est à quoi indubitablement M. Decazes employait son activité et son zèle.

Cette œuvre de patience et d'adresse n'était pas sans doute d'un succès impossible, puisque la faction réactionnaire s'en montrait si inquiète, si irritée, puisqu'elle poursuivait d'une haine si acharnée le jeune ministre qui en était le directeur, puisque sans cesse elle conspirait pour le renverser.

Sa passion fut inopinément servie par un horrible attentat.

Un atroce fanatique donne subitement la mort au duc de Berry ; M. Decazes en est signalé comme le fauteur, presque le complice ; il ne répond pas à une telle insinuation, acte de véritable démence; mais, sentant que, pour quelque temps du moins, il doit s'éloigner d'une scène où règnent ensemble tant de fureur et de folie, il supplie le roi d'accepter sa démission. Le roi, contraint d'y consentir, manifeste du moins le chagrin qu'il en éprouve, et il exprime ce qu'il pense des indignes manœuvres dirigées contre le fidèle dépositaire de ses intentions et de ses pensées; il lui donne publiquement les témoignages les moins équivoques de son estime et de ses regrets.

TROISIÈME PÉRIODE.

La retraite de M. Decazes ne suffit pas pour conduire le parti réactionnaire à la domination qu'il ambitionnait. Le ministère désigné au roi par M. Decazes lui-même et présidé par M. de Richelieu, suivit, autant qu'il lui fut possible, la ligne de bon sens, de sagesse, de conciliation, tracée par le monarque, et il ne fit, par là, que remettre en faisceau les deux extrêmes politiques; aussi il succomba bientôt sous les atteintes réunies d'une phalange formée des Manuel, des Labourdonnaye, des absolutistes libéraux et des absolutistes monarchiques.

La France alors fut réduite à passer sous le joug des absolutistes religieux. Dans l'état des esprits ne fallait-il pas que le roi choisît, provisoirement du moins, entre cette impulsion, assurément inopportune, et l'anarchie immédiate bien plus effrayante encore? Et que pouvait-il résulter immédiatement, si ce n'était l'anarchie, d'un concert monstrueux entre les amis et les ennemis, également fanatiques, de notre immense révolution?

Les absolutistes religieux, les jésuites, seule faction qui, à cette époque, fût unie et conséquente, parce qu'elle avait un dogme pour lien et pour principe, comptait l'héritier du trône parmi ses adeptes sincères et prononcés. Elle était, par conséquent, intéressée au maintien de la royauté existante. Comme, d'ailleurs, elle n'était composée que d'un petit nombre d'hommes; et que, parmi eux, il n'en était pas qui eussent du talent parlementaire et de l'habileté politique, Louis XVIII, en acceptant son appui, espéra la dissoudre, et par l'action du temps, et par les soins d'un ministre plein d'adresse et de capacité. Telle fut, vraisemblablement, la mission de M. de Villèle; nul homme, sans doute, n'avait moins d'affection pour les jésuites, ne partageait moins leurs doctrines; mais nul homme ne savait mieux attendre et dissimuler.

Ce que la France et l'Europe craignaient, ce qui ne pouvait être longtemps retardé, c'était la mort de Louis XVIII; elle vint bientôt, en effet, terminer le règne d'un homme qui sera honoré par l'histoire, et commencer celui d'un prince recommandable seulement par ses qualités privées. Dès son avénement au trône, tous les partis s'exaltèrent, fondant leurs espérances, les révolutionnaires sur l'incapacité du prince, les réactionnaires sur ses opinions et ses souvenirs. C'est principalement sur le terrain des élections que, de part et d'autre, furent dressées les batteries. La loi électorale de 1817 n'était qu'un moyen d'agitation politique; les deux partis s'acharnaient également à en saisir l'influence; les électeurs n'étant partout qu'en petit nombre, les libéraux travaillaient à les enflammer, les ministres à les intimider, à les gagner.

Le parti ministériel fut vainqueur; mais bientôt il éprouva les effets de toute victoire collective; il se divisa en fractions inconciliables, et, en 1827, il fut abattu par une réaction parlementaire qui conféra à son administration le titre de *déplorable*, titre mérité, bien moins par elle que par la nécessité où elle s'était trouvée, pour arracher l'élection aux emportements de la démocratie, de se livrer aux embrassements des jésuites et des intrigants de cour.

Un nouveau ministère se compose; M. de Martignac en

est le chef ; principes semblables à ceux des ministres de Louis XVIII. En formant ce ministère, Charles X a fait un acte de raison qui apaise l'irritation publique. Mais il faut être conséquent ; il faut couronner cet acte ; il faut au moins le développer ; et Charles X, par scrupule de conscience, hésite encore. Au moment de signer, le 16 juin, l'abandon des jésuites, son cœur saigne, sa main tremble ; il signe cependant ; l'homme le plus persuasif, M. de Martignac, l'y entraîne. Dès ce moment, la France, rentrée dans le calme, montre une satisfaction générale.

Quelle expérience ! Trois mois après, Charles X en fait une autre encore plus touchante. Précédé de son ministre pacificateur, il va parcourir les départements de l'Alsace et de la Lorraine. Partout des hommages, de l'affection, de la reconnaissance ! Quelle leçon pour un roi qui, depuis bien des années, n'osait plus se montrer au balcon des Tuileries, qui, traversant les rues de Paris, n'était accueilli que par un morne silence ! Quelle âme généreuse n'aurait pas été éclairée par un tel contraste ! et l'âme de Charles X était naturellement si généreuse ! Mais le dogme, le dogme ! Pour les esprits faibles et sans lumières, ce n'est pas un maître bienveillant qui ménage son esclave ; c'est un tyran qui l'écrase.

Oh ! que de combats, de vicissitudes déchirantes ! On croit entendre ce malheureux monarque ! — Venez, M. de Martignac, je vous écoute : Vous me dites, vous me démontrez même, ce me semble, que si je fais tel sacrifice, mon peuple me bénira, m'aimera ; il sera heureux et tranquille ! Eh bien ! je vais le faire ; il me sera si doux d'être aimé, d'être béni, de verser autour de moi le bonheur et la concorde !...... Arrête, misérable, me dit une voix sacrée ; tu veux être aimé, béni ; et tu veux que Dieu te maudisse ! que l'enfer te reçoive ! Eh quoi ! ton peuple impie ne marche-t-il pas assez vite à sa damnation éternelle ? Veux-tu encore précipiter sa course ! Et que répondras-tu à ses rugissements, lorsqu'il t'accusera de ses crimes et de sa destinée, lorsque condamné toi-même à des supplices sans fin et sans mesure, tu rugiras avec lui!

Quittons ces images horribles. Mais n'oublions pas que, dans l'âme de Charles X, et de tout catholique sincère, elles avaient l'affreuse puissance d'une invincible vérité.

D'ailleurs, les anxiétés cruelles de Charles X, l'inconstance, les vicissitudes fatales de ses résolutions, avaient encore une autre cause. Il ne craignait pas seulement sa damnation éternelle, si, pour des considérations terrestres, il abandonnait les intérêts de la religion; comme roi encore, comme personnage politique, il craignait, sur la terre même, le sort du malheureux Louis XVI. Hors d'état d'apprécier, ni la différence des temps, ni les causes réelles de nos anciens désastres, il tremblait de faire une concession aux droits du peuple, aux représentations de la raison. Chacune de ces concessions lui semblait un pas vers l'échafaud.

C'est ainsi que, dans une âme naturellement étrangère à tout besoin de tyrannie, se confondaient néanmoins deux impulsions éminemment tyranniques, celles qui naissent des habitudes de la monarchie absolue, et celles qui naissent des injonctions du dogme catholique.

Soyons juste d'ailleurs, et n'évitons jamais d'exposer les grands corollaires de la loi éternelle, de la loi de balancement universel. Le dogme catholique a versé d'immenses bienfaits sur le genre humain. A côté de cette idée abominable, de cet enfer creusé par le Dieu de la colère et des vengeances, il a placé de célestes motifs de consolation, de résignation dans la peine, il a fait Vincent de Paul et ses sœurs hospitalières; seul il a produit des héros de bonté, des miracles de charité; c'est pour cela que, dans les temps simples, il a passionné tant d'âmes fortes, et que, dans les temps de lumière, il a passionné encore tant d'âmes simples; c'est pour cela que ces âmes simples gémissent aujourd'hui sur sa chute, et sont si excusables de vouloir la détourner.

Mais tout dogme qui tombe avait fondé des intérêts humains qui lui survivent, et qui, pour des motifs moins honorables que le sentiment religieux, cependant très-naturels encore, s'efforcent de le soutenir. Ces intérêts humains joignent les résistances sèches et hautaines de l'égoïsme, aux résistances pieuses de la foi sincère.

Autour de Charles X, si vrai dans sa croyance, que d'hommes ne tenant avec une opiniâtreté réelle qu'aux bénéfices terrestres de cette croyance même! Ce sont de tels hommes surtout qui irritent la raison dans sa marche; ce sont eux surtout qui font qu'un dogme, à l'époque de sa chute, n'entraîne que des secousses et des malheurs. Voyez l'Espagne.

QUATRIÈME PÉRIODE.

Passons maintenant aux causes immédiates de notre révolution dernière; et, pour nous égarer le moins possible sur un sujet encore récent, pour cette raison si délicat, écoutons attentivement la loi éternelle et la justice.

Pendant la première année du ministère Martignac, tout marcha dans un sens loyal et pacifique; les lois présentées, adoptées, réparaient les atteintes portées, les années précédentes, à l'esprit de la révolution; elles étaient accueillies par l'opinion populaire avec satisfaction et reconnaissance. L'expansion progressive se trouvant ainsi encouragée, ne pouvait que croître en tentatives et en espérances : c'est le penchant naturel de tout foyer d'action expansive, soit qu'il tende à l'extension, soit qu'il tende à la répression.

De cette loi naturelle, il résulta que la Chambre des députés sembla prête à se laisser envahir par l'esprit révolutionnaire. Les députés démissionnaires, ou ceux que la mort avait enlevés, étaient remplacés par des libéraux d'une opinion prononcée. La cour s'en inquiéta. Dès ce moment, on dût prévoir que Charles X reviendrait, par frayeur de naufrage, et encore plus par remords de conscience, sur ses engagements, sur ses concessions. Les journaux royalistes ne laissaient, d'ailleurs, aucun doute sur les dispositions des hommes qui, dans ce parti, avaient de l'influence.

Une nouvelle crise paraissait donc inévitable. Que fallait-il pour la prévenir? D'abord ne pas s'en alarmer. Ce n'était que le balancement politique qui suivait son cours. L'instinct national, qui avait protesté avec tant de puissance contre l'action rétrograde lorsqu'elle était immodérée, l'opinion générale, qui avait applaudi avec tant de franchise aux déterminations conciliantes de M. de Martignac, l'aurait soutenu de même, du moins pendant quelque temps, lorsqu'il aurait annoncé que, fidèle à son système de sagesse, il voulait retenir les empiétements de l'expansion progressive; la raison et la prudence avaient, dans ce ministre, un organe persuaif.

Mais l'exaltation de la frayeur est surtout celle dont les âmes faibles sont susceptibles. Charles X s'épouvanta à la vue du progrès libéral; il crut ne pouvoir l'arrêter ni trop tôt, ni trop fortement; il fit la très-grande faute de renoncer aux services de M. de Martignac, et d'invoquer ceux de deux hommes, M. de Polignac et M. de Labourdonnaye, l'un absolutiste religieux, l'autre absolutiste politique; il eut la simplicité de croire que ces deux hommes se concerteraient pour défendre, l'un l'autel, l'autre le trône; on lui disait depuis si longtemps que trône et autel avaient les mêmes bases!

De ces deux hommes, qui ne tardèrent pas à se diviser, le plus exclusif, le plus opiniâtre, ne pouvait être que l'homme dogmatique; et Charles X, indépendamment de toute sympathie particulière, devait encore écouter l'homme dogmatique avec plus de complaisance, parce que son salut éternel lui était encore plus cher que sa couronne, parce que d'ailleurs un défenseur zélé de la religion pouvait être en même temps un excellent soutien de la monarchie, tandis qu'un philosophe, tout défenseur zélé qu'il pouvait être de la monarchie, ne serait jamais qu'un faible soutien de la religion.

M. de Labourdonnaye fut donc bientôt rejeté comme un

homme incomplet par ses opinions, et, de plus, très-embarrassant par son caractère.

On ne put douter dès lors qu'une contre-révolution dans le sens principalement jésuitique ne fût projetée ; et ce qui le démontra bientôt, ce fut l'institution avouée, préconisée, d'une *congrégation* mystique, à laquelle s'affilièrent avec empressement un très-petit nombre de catholiques sincères, et un très-grand nombre d'ambitieux de places et de faveurs. On peupla ainsi d'un nouveau genre de tartufes, toutes les administrations, toutes les avenues du pouvoir et de la fortune.

Comme cependant ce n'était pas une force martiale et intrépide que l'on se donnait ainsi, et comme l'hypocrisie de mœurs et de langage sympathise mal avec les habitudes militaires, il fallut bien choisir le chef de l'armée, le ministre de la guerre, ailleurs que dans la congrégation. On eut le malheur de trouver un homme, M. de Bourmont, général habile, soldat éprouvé, mais qui, par une trahison odieuse, avait donné aux ennemis de la révolution des gages qu'il ne pouvait plus rétracter.

Par cette nomination, qui révolta l'opinion générale, le gouvernement de Charles X semblait prévoir la nécessité prochaine d'un coup d'État à main armée. Mais alors pourquoi envoyait-on ce général en Afrique? Était-ce parce que, dès son entrée au ministère, on avait pressenti son ambition, comme le Directoire avait pressenti celle de Napoléon, et l'avait adressé aux mêmes plages africaines? Ou bien le plan était-il d'attendre, pour frapper un coup de grande vigueur, que Bourmont, vainqueur d'Alger, revînt à la tête de son armée?

Mais non! on n'a rien médité, rien prévu; on se hâte d'être insensé, d'affronter les fureurs populaires, tout en ne déployant contre elles qu'autant de force qu'il faut pour les irriter.

D'où est parti un tel délire? qui l'a imposé? On n'en peut douter : c'est un roi sans cesse obsédé de terreurs politiques et religieuses, à demi aveugle, et s'étant placé sous la direction ou plutôt sous le joug d'une congrégation d'hommes d'une cécité complète.

Mais pourquoi ceux des ministres qui n'appartenaient pas à cette congrégation fatale ont-ils cédé à ses injonctions? Est-ce dans l'espoir d'adoucir au moins l'exécution des mesures les plus désastreuses? Est-ce dans la certitude que, s'ils se retiraient, la congrégation envahirait sur-le-champ tout le ministère? Charles X leur avait-il signifié sa volonté en homme poussé aux résolutions les plus désespérées par deux effroyables terreurs, celle de l'échafaud où périt son frère et celle de l'enfer?

L'avenir révélera quelle fut, en ce moment fatal, la situation d'esprit de l'un des hommes les plus faibles d'esprit qui aient porté la couronne.

En attendant il n'est que trop facile de comprendre les suites de tant d'imprévoyance.

Paris était couvert de combustibles. Le gouvernement, au lieu de les disperser, les rassemble, les entasse, y met le feu. Subitement des milliers d'imprimeurs sont privés de tout moyen d'existence, et ce sont précisément les imprimeurs des journaux; ils font à tous les ouvriers de la capitale l'appel de la colère. En quelques heures s'unissent, s'entendent, s'échauffent, quarante mille hommes habitués aux travaux les plus rudes, sachant manier les outils les plus meurtriers, et, par leur position sociale, par le genre de leur éducation, ne tenant point compte de la vie! Que leur oppose-t-on? quelques soldats d'une légion étrangère, quelques gendarmes qui ne savent point où il faut se réunir, contre qui il faut marcher!

Qui aurait pu prévoir un tel renversement de toutes les conditions sociales? Aujourd'hui, sans doute, nous savons qu'un roi honnête homme, mais incapable et sans courage, peut avoir le malheur d'être subjugué par des fanatiques d'une ignorance prodigieuse. Mais les prodiges ne se supposent pas et les commotions épouvantent. Tant d'hommes massacrés! tant de familles mutilées! tant d'existences déplacées, bouleversées!

Qu'ils étaient honorables les efforts des écrivains qui voulaient prévenir tant de malheurs, qui disaient aux puissants : Respectez les besoins généraux, les idées établies; qui disaient au peuple : Eh! laissez donc aux vieilles habitudes le temps de s'éteindre, aux vieux regrets le temps de s'effacer, aux vieux tronçons de la féodalité le temps de mourir. C'est tout ce qui reste de l'arbre antique, encore quelques jours et ces vestiges mêmes auront disparu. Est-ce la peine de les faire déraciner par la foudre?

Elle a frappé. Leçon terrible pour les gouvernements du globe, ils en profiteront sans doute. Par la loi du balancement universel, les idées dogmatiques qui, à leur naissance, ont suscité le plus de fanatisme pour les fonder ou les propager, suscitent vers l'époque de leur chute un égal fanatisme, mais en sens opposé; c'est alors un fanatisme d'aversion et de colère. Or il n'est point de lutte possible contre un genre quelconque de fanatisme : toute la sagesse consiste à ne point l'affronter et à laisser disparaître tacitement l'objet qui l'excite.

Mais reconnaissons-le : cette prudence tacite devient souvent très-difficile, et il est des cas où elle est obligée de dissimuler ses intentions et de paraître céder au torrent qui la menace. Voici un exemple :

Peu de jours après le mouvement que nous venons de rappeler, quatre ministres de Charles X fuyant leur patrie, sont arrêtés, ramenés à Paris, déposés à Vincennes; et le peuple de Paris, encore exaspéré de l'oppression que l'on a voulu lui faire subir, demande, exige que les quatre ministres soient mis en jugement; ce qui, dans le vœu qu'il ne déguise pas, signifie qu'ils soient condamnés,... que leurs têtes roulent sur l'échafaud!...

La Chambre des pairs est obligée de se former, à leur sujet, en cour de justice; ils comparaissent à sa barre, et ces hommes, innocents par leurs intentions, excusables par les embarras d'une situation inextricable, victimes presque tous de fautes imposées, restent calmes, réservés, généreux même, en face de l'affreux danger qui les menace; ils ne se plaignent pas; ils n'accusent personne; une si noble contenance pénètre leurs juges d'admiration et d'intérêt.

Mais le lion populaire rugit autour de l'enceinte; c'est un holocauste qu'il réclame; s'il lui est accordé, quel horrible déchaînement de récriminations, de vengeances, de meurtres, suivra une telle détermination; et si on le lui refuse, à quel accès de fureur ne va-t-on pas l'exciter!

Heureusement la nuit s'avance; plus heureusement encore un homme de tête et de courage, M. de Montalivet, est ministre de l'intérieur; toutes les avenues du palais sont sous sa dépendance.

La condamnation est portée; elle n'est sévère qu'en apparence; la mort du moins en est écartée; il importe de ne pas laisser aux forcenés le temps de la connaître; l'arrêt à peine rendu, M. de Montalivet enlève les ministres, les enferme dans sa voiture, la fait partir au galop, l'escorte lui-même à cheval, et, la barrière passée, se hâte d'écrire à Louis-Philippe : ils sont sauvés!

A la nouvelle de cet enlèvement, j'ai vu des ouvriers, braves gens d'ailleurs, hors d'état de faire un acte malhonnête, frémissant de ce qu'on les empêchait de faire un acte féroce! Tel est le peuple! toujours impétueux dans ses mouvements; tantôt sauvage, tantôt magnanime, selon qu'il est poussé par une idée brutale ou par un sentiment généreux. Est-ce à un être de ce tempérament, de ce caractère, que peut appartenir la fonction qui demande le plus de raison et de calme, la fonction d'ordonnateur politique, la fonction de souverain?

Un mois après la scène que nous venons de décrire, le 13 février, anniversaire de la mort du duc de Berri, quelques insensés se rassemblent dans l'église de Saint-Germain-l'Auxerrois; ils font là des démonstrations puériles; et une masse populaire se jette sur eux, les maltraite, dévaste l'église, se précipite ensuite sur l'archevêché, qu'elle saccage de fond en comble! Est-ce là encore un acte de souveraineté?

Sans doute ce n'est pas ainsi qu'en principe la souveraineté du peuple doit être entendue; mais c'est ainsi que, depuis 89, les masses populaires ont souvent montré qu'elles l'entendaient; et cette malheureuse interprétation était inévitable. En effet, examinons ce dogme, base directe de notre constitution sociale. Ses défenseurs disent que tout peuple est un être complet, comme chacun des hommes qui le composent; que sa volonté, comme celle de chaque individu, ne peut être à la disposition que de lui-même; que lui seul doit être l'arbitre de ses propres déterminations, lui seul son propre souverain.

Il y a là bien du paradoxe. Dans l'acception naturelle, usuelle, éternelle, le mot *souverain* est synonyme du mot *maître suprême*; et l'idée maître suprême implique essentiellement l'idée *sujet*. Que serait un maître qui n'aurait point de sujets? D'un autre côté, comment concevoir un maître et son sujet, autrement que distingués l'un de l'autre par les conditions de leurs existences? Comment surtout les placer à un même niveau de puissance et de facultés!

Cependant, dites-vous, l'homme est un être complet, indivisible, et il ne relève que de lui-même.

C'est là que je vous arrête. L'homme individuel est un être complet, indivisible; mais il n'est pas d'une constitution homogène; deux parties distinctes, organiquement unies, le composent; l'une est nativement supérieure et gouvernante, l'autre, nativement inférieure et gouvernée; et ces deux parties restent toujours entre elles dans leurs rapports primitifs; elles ne se confondent jamais. *L'intelligence* commande toujours aux *pieds* et aux *mains*; les pieds et les mains servent l'intelligence, ne lui commandent pas; l'intelligence est le souverain; les pieds et les mains sont le sujet.

Dans tout peuple arrivé à un certain degré de civilisation, il y a toujours aussi deux classes, vaguement unies, mais essentiellement distinctes par les caractères habituels de leurs genres d'action. C'est surtout l'esprit de l'une qui est occupé ; c'est surtout le corps de l'autre ; habituellement l'une commande, l'autre obéit. Confondre ces deux classes dans un droit commun, leur dire qu'elles sont égales sous le rapport de la souveraineté et de la sujétion, du commandement et de l'obéissance, c'est imiter l'insensé qui dirait : l'homme peut marcher indifféremment la tête en haut et les pieds en bas, ou la tête en bas et les pieds en haut.

Il y a cependant une différence, car l'analogie, même la plus marquée, n'est jamais identité. Dans l'existence de l'individu, la souveraineté native de l'intelligence sur les instruments de l'action mécanique se maintient toujours ; au lieu que, dans la vie d'un peuple susceptible de civilisation, il vient toujours un temps où la classe à fonctions habituellement mécaniques participe au progrès de l'intelligence générale ; et comme alors elle est en contact avec une classe moyenne, très-intelligente, pour cette raison très-avide de pouvoir, mais dominée par la classe qui déjà le possède, cette classe moyenne agite, soulève la classe inférieure, l'excite à s'exhausser, et d'ordinaire elle y réussit si bien que cette classe inférieure, souveraine en force brutale, atteint le sommet en renversant, en écrasant, et toute la classe qui était supérieure, et la classe moyenne elle-même qui voulait le devenir. En réalité alors le peuple marche la tête en bas ; ce qui, nous ne l'avons que trop vu, entraîne des maux affreux ; ce qui, de plus, notre expérience l'atteste encore, devient le fruit d'un bouleversement excessivement violent, exccessivement rapide, lorsque, chaque jour, des proclamations adressées à la masse populaire, préconisent, en termes fanatiques, les droits qu'elle tient de sa souveraineté.

.....

..... A l'instant où je viens de tracer ces lignes (9 octobre 1843), je trouve les questions suivantes adressées à la *Gazette de France*, par le *National* (c'est le journal qui professe l'esprît démocratique avec le plus de talent et de zèle) :

« Reconnaissez-vous le principe de la souveraineté du peuple? Admettez-vous que le peuple soit le seul souverain légitime? Admettez-vous que tous les pouvoirs, quels qu'ils soient, émanent du peuple? Admettez-vous, par conséquent, que le peuple ait toujours le droit de changer l'organisation du pouvoir, et de déplacer, à son gré, tous les agents du pouvoir? Admettez-vous que tous les membres de la société aient exactement les mêmes droits? Admettez-vous, par conséquent, qu'ils doivent tous exercer ces droits au même titre et de la même manière? »

Telle est la profession de foi du rédacteur; on ne peut y mettre plus de franchise, ni moins de raison. Une société qui peut sans cesse changer l'organisation du pouvoir, en déplacer à son gré tous les agents, et qui reste société! une réunion d'hommes, les uns vieux, les autres jeunes, les uns faibles ou ignorants, les autres forts ou éclairés, et qui, tous, ont exactement les mêmes droits, qui doivent tous les exercer au même titre, de la même manière; n'est-ce pas l'idéal du paradoxe, ou même de l'impossible? Comment des hommes d'un esprit très-distingué ont-ils pu y noyer leur pensée? Comment ce dogme insensé a-t-il pu avoir un seul prosélyte? Comment, dès son apparition, n'a-t-il pas été repoussé par le bon sens public?

Voilà ce que l'on ne pourrait expliquer sans le Principe. Mais lui seul explique tous les faits, parce que lui seul est chargé de les produire.

Sa grande loi, la loi de l'équilibre veut qu'à tout excès corresponde un excès de même mesure. Lorsqu'une idée fausse par exaltation parvient à s'établir, ce n'est jamais que temporairement, et en préparant, pour lui succéder, une autre idée également fausse par exaltation, mais en sens opposé, celle-ci devant faire la compensation de la première.

C'est ainsi que le dogme antique de la *souveraineté par droit divin* a enfanté le dogme moderne de la *souveraineté du peuple;* l'un a perverti les rois, l'autre a jeté les citoyens dans le délire.

Revenons enfin de ces deux erreurs ; elles ont fait leur temps d'oppression et de désordre. Allons au vrai en toutes choses, le règne en sera durable, parce qu'il sera respecté, parce que, essentiellement juste, modéré, pacifique, il sera exempt de compensations funestes.

Il n'est qu'un *Souverain* en politique, c'est le souverain de la nature, c'est le Principe de tous les mouvements. Que serait la politique, si elle était hors de la nature ? Que serait la nature, si le mouvement qui l'anime obéissait à plusieurs principes ? Que serait le principe nécessairement unique, s'il n'était pas réglé par une seule loi ? Que serait enfin la loi nécessairement unique, si son caractère essentiel n'était pas la simplicité parfaite, si son but éternel, universel, n'était pas l'équilibre, la justice ?

C'est donc par impulsion vers l'équilibre que, dans les corps politiques, comme dans le corps de chaque individu, comme dans l'atmosphère, les révolutions se font ; on ne les fait pas ; les crises d'âge, de saison, de tempérament, les déterminent. Ce ne sont ni les peuples, ni les rois qui, par eux-mêmes, possèdent le pouvoir constituant ; c'est la loi du balancement réciproque, c'est la loi de l'harmonie ; c'est, dans la vie des peuples comme dans la vie de l'individu, la loi de l'*instinct conservateur*.

Dans aucun point de l'univers, cette loi n'est suspendue ; mais, nous l'avons dit, chez les peuples sagement conduits, elle s'exécute, comme chez les hommes sages, par voie de concessions successives, faites au progrès de l'âge et du tempérament ; chez les peuples gouvernés sous l'influence d'habitudes enracinées et de dogmes consacrés, elle s'exécute par secousses violentes, d'un caractère désastreux comme celui de la foudre, et, comme elle, à son terme, d'un effet salutaire.

Le peuple de Paris a été l'agent impétueux de ce mode terrible, lorsqu'il a ôté la couronne de dessus la tête de

Charles X, pour la poser sur celle de Louis-Philippe; Charles X n'était plus que l'homme d'un âge terminé. De très-bonne foi, il pensait et voulait comme les hommes en très-petit nombre qui appartiennent encore à cet âge. Louis-Philippe est l'homme de l'âge actuel; il veut et pense comme la très-grande majorité des Français, surtout de ceux qui ont des lumières. Ajoutons qu'après les trois journées de juillet, on voyait à Paris, et il se serait formé subitement en France, assez d'éléments de trouble, assez de causes d'anarchie, pour qu'il fût très-pressant pour la pensée publique de trouver à Paris un *homme* dont la confiance unanime fît, en ce moment, la personne de l'ordre en même temps que de la liberté.

C'est donc à tous les titres légitimes que Louis-Philippe a reçu la couronne de France; c'est au nom de la Loi souveraine, nécessaire, éternelle, que le peuple de Paris l'a nommé roi le 9 août, à trois heures, lorsqu'il revenait du palais des Chambres. J'ai vu ce peuple constituant; j'en faisais partie, environné de mes enfants; j'ai mêlé de plein gré, et de toute mon âme, mes acclamations aux acclamations générales. Il est incontestable que la presque totalité des Français, si elle avait pu être rassemblée sur le passage de Louis-Philippe, aurait prononcé le même genre de suffrage. Rien n'aurait donc été plus superflu que de convoquer le Champ-de-Mai ou les assemblées primaires. La loi d'instinct populaire avait parlé.

Il est impossible que jamais une révolution se fasse en conformité des lois politiques, des habitudes, des formes établies, puisque toute révolution n'arrive que par le besoin accumulé, le besoin devenu nécessité, de changer les formes, les habitudes dont on a fait des lois. Ainsi la Chambre des députés, en se nommant elle-même, le 30 juillet, pouvoir constituant, en réformant la Charte de 1814, en détrônant le prince que cette Charte même rendait inviolable et irresponsable, en élevant, par initiative, le trône de Louis-Philippe, fit un acte de nécessité, un acte ayant pour lui la force légale, non ordinaire, mais extraordinaire, la force d'instinct conservateur.

Quant à Charles X, ses erreurs politiques avaient fini, en 1830, par le jeter dans une situation inextricable; il avait conspiré en aveugle avec les défauts de la constitution, pour fournir aux ennemis de la monarchie des armes invincibles; le moment était venu où la Charte de Louis XVIII n'existait plus comme forme de gouvernement, mais comme machine de guerre dressée contre le gouvernement même. Les ministres de Charles X ne demandaient pas mieux que de la réformer, de la modifier du moins, de concert avec les deux Chambres; celle des députés s'y refusait; maîtrisée, exaltée par un parti ardent et formidable, elle professait un respect fanatique pour cette Charte qu'elle se promettait de renverser aussitôt qu'elle en aurait tiré et employé les moyens de destruction qui en découlaient. Les chefs du mouvement ne dissimulaient pas leur intention de rendre impossible, et au nom même de la Charte, tout gouvernement présidé par Charles X, et, très-évidemment, aux yeux de tout homme impartial, ils y parvenaient. Charles X, en se plaçant même avec zèle et de bonne foi sur la ligne proclamée alors constitutionnelle, n'aurait fait que courir au suicide. L'honneur le lui défendait.

Indubitablement, dans une telle situation, tout homme de sens, de prévoyance et de courage, subitement substitué à Charles X, sans avoir participé à ses erreurs, aurait saisi la dictature, mais après s'être placé d'avance au centre d'un appareil imposant, après avoir d'ailleurs annoncé au peuple français, après lui avoir persuadé que s'il voulait un moment régner en maître c'était pour régler la liberté politique, et non pour l'étouffer, pour édifier, et non pour détruire, pour terminer l'influence des événements de 1814, et non pour l'appesantir, en un mot pour consommer et pacifier la Révolution, mais non pour lui résister.

Voilà ce que Charles X ne fut point, et ce qu'il ne pouvait être. Par opinion, par éducation, par habitude, par caractère, il était essentiellement l'homme de 1814 ; à son âge se transformer subitement et entièrement, on ne pouvait l'attendre. Ne blâmons cependant personne de l'avoir quelquefois espéré ; les désirs pressants et légitimes sont toujours si près de l'espérance ! On citait les Stuarts ; ce n'était pas une loi, ce n'était qu'un exemple ; et, pendant le ministère Martignac, on s'était si naturellement ouvert à la pensée que ce funeste exemple pourrait ne pas être imité ! Il le fut, et les conséquences furent les mêmes.

Passons à un spectacle politique de nature bien différente.

RÈGNE DE LOUIS-PHILIPPE.

Louis-Philippe, nous l'avons dit, portait, en montant sur le trône, une force de grande puissance, celle qui se compose de l'affection et de la confiance généralement inspirées. Dès le lendemain de son avénement, toutes les communes de France s'empressèrent de témoigner au nouveau chef de l'État, par des députations libres, sincères, authentiques, la satisfaction prononcée de l'immense majorité de la population.

Cependant la sécurité publique était lente à renaître ; l'inquiétude paralysait tous les genres de spéculation ; les effets de commerce restaient en portefeuille ; l'argent se cachait ; le crédit se traînait, tombait même plus souvent qu'il ne s'élevait. Or le crédit n'est jamais qu'une machine à instinct, qui opère en développement ou en retraite, selon que l'opinion publique croit ou ne croit pas à la stabilité du gouvernement.

La confiance inspirée par les qualités personnelles de Louis-Philippe ne s'étendait donc pas jusqu'aux circonstances de sa situation politique. Et, en effet, ces circonstances étaient compliquées, nébuleuses, ou même menaçantes. D'une part, la Révolution de juillet était loin de porter à la totalité du peuple français contentement et douceur. Tout orage dévaste le sol sur lequel il se précipite. Tant d'hommes et de familles qui étaient passés brusquement du bien-être à l'indigence, dont les habitudes du moins, et les projets, et les espérances, subissaient une sorte de bouleversement. Tant de capitalistes, de commerçants, de manufacturiers, d'une activité honorable, et solidement occupés, tombés en trois jours dans la gêne et l'inaction ! Tant d'ouvriers laborieux, honnêtes, et qui restaient sans pain et sans ouvrage !

D'un autre côté toute la constitution politique de l'Europe

était subitement ébranlée ; les monarchies absolues surtout ne pouvaient que redouter la contagion d'un exemple illustré, pour ainsi dire, par la rapidité d'un succès foudroyant ; et il était d'autant plus difficile à Louis-Philippe de les rassurer, que l'on pouvait craindre qu'il ne pût lui-même maîtriser la constitution nouvelle, l'élément démocratique y ayant pris un accroissement considérable par l'abaissement du cens électoral et le droit d'initiative conféré à la Chambre des députés.

Et le peuple français lui-même, quelles appréhensions ne devait-il pas inspirer? La scène du Luxembourg, la scène de l'Archevêché ne rappelaient-elles pas les sinistres débuts de la Révolution terrible !

Les souverains du Nord, justement effrayés, se présentaient donc, comme protecteurs et appuis, à l'imagination des mécontents français, de ceux surtout qui, par leurs opinions, leurs habitudes, leurs affections même, et les conditions matérielles de leur existence, s'étaient liés à la personne et à la couronne de Charles X.

Ce prince, que déjà deux fois les étrangers avaient ramené vers le trône de France, en renversant l'homme si fort qui, deux fois s'en était emparé, semblait donc pouvoir espérer que Louis-Philippe leur résisterait moins encore, et, incontestablement, un assez grand nombre de Français partageaient secrètement ou ostensiblement ses désirs et ses espérances.

Mais ni les temps ni les hommes n'étaient plus les mêmes. Pour renverser Napoléon il avait fallu la coalition acharnée, compacte, opiniâtre, de l'Europe entière ; et c'était Napoléon lui-même qui, par l'immensité de son ambition et l'impétuosité de son audace, en avait serré les liens et monté le ressort. L'Angleterre, qu'il aurait écrasée s'il fût resté le maître, avait animé l'Europe contre lui ; c'était l'Angleterre surtout qui avait démoli sa puissance.

Par une marche et des intentions contraires à celles de Napoléon, Louis-Philippe, dès le début de son règne, eut l'heureuse habileté d'obtenir des résultats opposés ; de bonne heure il gagna la confiance de l'Angleterre, ce qui suffisait pour rendre toute forte coalition impossible. En même temps il annexa à cette puissante alliance celles de la Belgique et du Portugal, et dès lors il n'eût plus d'agressions extérieures à redouter.

Dès lors aussi le Peuple français, libre des seules craintes qu'il a pu former, reprend ses travaux et ses affaires ; les arts, les sciences, le commerce, tout se réveille, se ranime ; l'action est partout, soutenue par le succès.

Moments bien doux dans la vie des Etats qui se relèvent de calamités profondes ! Tous les hommes laborieux se hâtent de produire, chacun dans le genre qu'il affectionne ; et tout être qui produit est heureux parce que c'est son expansion qui s'emploie et se soulage.

Mais, pour la satisfaction de tout être producteur, la nature a voulu que son expansion fût d'une activité indéfinie, tandis qu'elle n'a pu accorder à l'exercice de cette activité qu'un espace limité et circonscrit.

Voyez, au printemps, l'atmosphère qui repose sur une contrée fertile ; hier le temps était froid et sombre, aujourd'hui le ciel est pur, la chaleur modérée ; tous les êtres sensibles respirent l'air avec volupté, goûtent le charme d'un développement facile. Pour l'homme, pour les animaux, pour les plantes même, c'est du *beau temps*, c'est un *beau jour ;* et, pendant cette période de vitalité féconde, tous ces êtres organisés, producteurs naturels, soit de fluides subtils, soit de vapeurs, soit de substances gazeuses, en versent davantage dans cette portion de l'atmosphère qui les domine.

Une telle émission ascendante pourra se répéter le lendemain, le surlendemain, se maintenir pendant plusieurs jours, parce que la portion d'atmosphère qui la reçoit, quoique circonscrite dans une enceinte qu'elle ne peut franchir, est ductile et flexible ; elle se prête, jusqu'à un certain point, à l'invasion de la surabondance. Mais il y a un terme à toute concession qui froisse l'équilibre. La section atmosphérique exaltée cherche à s'étendre encore; les sections environnantes s'y opposent, parce que cette extension les opprime, et parce qu'elles veulent s'exalter à leur tour. Dès lors, dans le sein même de la section jusque-là calme et prospère, s'établissent graduellement le tumulte, l'irritation, le désordre; chaque composant atmosphérique cesse de trouver la place nécessaire à son expansion ardente; il la demande avec violence aux composants qui l'environnent; ceux-ci se portent contre lui à la même exigence, à la même agression. Dans tous les points de cette section atmosphérique la guerre intestine succède à la bonne intelligence et à la paix. Et comme, à un corps dont les éléments sont divisés et en hostilité réciproque, il faut encore plus d'espace que s'il y avait de l'ordre dans ses mouvements, cette section si agitée travaille avec un redoublement d'ardeur à envahir l'espace occupé par les sections environnantes. C'est alors que la réaction de celles-ci forme contre elle une coalition impétueuse. Par un refoulement dont elle ne ménage point la mesure, cette coalition irritée contraint tous les principes usurpateurs à revenir en arrière et avec brusquerie; elle les rassemble, mais en tumulte; elle les condense, mais avec fureur; ils s'étaient élevés paisiblement sous formes de gaz innocents, de vapeurs légères; ils retombent avec fracas, semant partout l'épouvante et le ravage.

Quelle catastrophe! Est-ce la fin du monde? Non, c'est la fin de l'un des deux mouvements qui animent le monde, du mouvement d'expansion répressive contre les envahissements de l'expansion progressive. Encore quelques moments et la réaction est soulagée, et le tumulte s'apaise, le calme renaît; la sérénité recommence, avec elle la douceur de rentrer en expansion d'accroissement, de s'élever en paix, avec bonheur..... Et, par cette douceur même, se préparent de nouveau les déluges et les tempêtes!...

L'allégorie est d'une interprétation facile.

Comme nous l'avons vu, les jours qui suivirent le mouvement de juillet n'avaient pu être que tristes et sombres.

Presque toutes les expansions personnelles s'étaient repliées sur elles-mêmes, les unes par ressentiment des froissements qu'elles avaient éprouvés, les autres par crainte des événements qu'une si brusque catastrophe semblait devoir provoquer.

Louis-Philippe adoucit les ressentiments par ses manières et ses paroles toujours pleines d'affabilité et de bienveillance; il dissipe les craintes par ses négociations politiques; l'horizon s'éclaircit, des jours de printemps s'annoncent, les expansions personnelles reprennent de l'essor; Louis-Philippe, souvent mêlé aux réunions de citoyens, n'y recueille jamais que des hommages d'affection et de confiance.

Douces et heureuses journées! En ce moment, sur la Terre, personne ne goûte des satisfactions plus justes, plus honorables, plus profondes.

Mais, devaient-elles durer? Non : la loi universelle ne peut accorder aux Rois une mesure de bonheur supérieure à celle des autres hommes.

Et les peuples, non plus que les individus qui les composent, non plus que l'atmosphère qu'ils respirent, ne peuvent rester toujours sans troubles, sans nuages, sans orages; c'est le beau temps même qui les ramène. Pendant toute la durée du beau temps politique, il y a, dans l'ensemble de l'État, disposition générale à l'espoir, à l'audace d'entreprise; il semble à tous que tout peut être tenté, que tout doit réussir; et c'est précisément parce que tout le monde tente que bientôt les tentatives de chacun deviennent difficiles, que tous les succès se gênent réciproquement, finissent par se rendre réciproquement impossibles. Alors chacun des hommes surabondants, et chacune des productions superflues, cherchent à écarter, anéantir, s'il leur est possible, les autres hommes et les autres productions, ce qui établit la guerre intestine de toutes les professions, de tous les intérêts.

Telles sont les circonstances critiques, les situations périlleuses, auxquelles sont conduits, surtout, les peuples éminemment favorisés par la nature. Là, le progrès facile du développement met rapidement en communication et en rapport toutes les idées, ainsi que toutes les parties du territoire; là toutes les découvertes de l'industrie, ainsi que tous les mouvements de l'intelligence, prennent un grand essor. Par ces mouvements, par ces découvertes, un grand nombre d'hommes poursuivent des jouissances d'un ordre très-élevé, et, de plus, ambitionnent des positions honorables, qu'ils se sentent le droit d'occuper avec justice, avec sécurité.

Et, par l'accroissement continu de la concurrence, cette sécurité leur échappe! Et, chaque jour, les bénéfices mérités par leurs travaux diminuent, s'évanouissent! Et le feu brillant de l'émulation se change, dans leur sein, en découragement, en impuissance! Et toutes les carrières s'encombrent d'hommes remarquables, ne pouvant se faire remarquer! Et le sol est jonché de productions très-estimables, délaissées sans estime et sans emploi! Et cependant, par l'amélioration organique du tempérament général, tous les individus ont augmenté de puissance vitale; tous aspirent au bien-être avec un redoublement d'ardeur, tandis que les moyens de parvenir à un bien-être, même modéré, ne cessent de s'affaiblir!

Dans une telle situation, le mécontentement ne peut que devenir l'humeur de tout le monde. Or, tout mécontentement commun à un grand nombre d'hommes est inévitablement injuste, parce qu'il s'exalte, parce que le soulagement le plus prompt qu'il puisse se donner, est de s'exprimer avec amertume, de grossir les maux qu'il souffre, de les rejeter sur des causes qui, loin de les produire, ne se sont occupées que de les prévenir! Alors s'aigrissent toutes les préventions, s'irritent toutes les animosités; alors, dans les âmes farouches, le fanatisme s'allume; alors la vie du chef de l'État est moins assurée que celle du citoyen le plus obscur; chaque jour le poignard d'un furieux s'aiguise contre elle...

Menace affreuse! Si elle était réalisée, tant de malheurs la suivraient! Et cependant d'où procède l'exaspération qu'elle atteste! D'un excès de durée dans l'expansion progressive et de fécondité dans la production.

L'atmosphère, quand elle est jetée dans des situations semblables, s'en tire par des tempêtes; elle ravage le sol placé au-dessous d'elle. Que lui importe? Elle ne sent pas les malheurs que sa colère entraîne.

Mais c'est sur des générations d'êtres sensibles, de vieillards, de femmes, d'enfants, que les ouragans révolutionnaires versent des torrents de souffrances! Qu'il serait grand et heureux l'homme d'État qui pourrait les détourner! De fortes guerres extérieures seraient un moyen : Napoléon l'a prouvé. Mais, en Europe du moins, elles sont devenues presque impossibles ; et de plus, l'histoire de Napoléon nous l'apprend encore : pendant toute guerre d'invasion et de réaction irritée qui lui succède, c'est toujours avec tant de brusquerie, de violence, de brutal caprice, que se multiplient les victimes!

Des colonies! Rien, aujourd'hui, n'est plus difficile que d'en fonder de nouvelles. Tous les points du globe assez favorisés de la nature et du climat pour attirer des émigrants sont maintenant occupés. Nous avons conquis le territoire d'Alger; il faut bien le garder ; mais il a déjà coûté à la France bien plus qu'il ne pourra jamais lui rapporter ; et si nous avions prévu tout ce qu'il nous imposerait de sacrifices et de souffrances, nous l'aurions délaissé.

Des efforts diplomatiques pour l'extension de notre commerce! C'est bien ce que, en ce moment, on tente avec zèle; on cherche, on médite, on espère des débouchés lointains, qui, peut-être, ou même vraisemblablement, nous seront accordés, mais qui même alors se feront attendre.

Et, dans l'intervalle, faudra-t-il donc que notre belle patrie succombe à la phléthore anarchique produite par l'entassement de tous les genres de richesses? Non; il n'y a jamais, pour les peuples civilisés, de situation radicalement incurable. Écoutons l'analogie : L'homme d'un tempérament affermi, et qui possède avec abondance les moyens de bien-être, se laisse, plus d'une fois, entraîner à l'intempérance; il s'expose alors; comme l'atmosphère trop favorisée par le beau temps, comme le peuple trop favorisé par la nature et la fortune, à une surcharge pénible. Tout son système organique est de même dans le trouble, l'anxiété, le véritable malheur. S'il est sage et prudent, à quel remède a-t-il recours? Au plus simple, au plus efficace; il se repose et prend patience; c'est tout ce que son expansion lui demande pour consommer tacitement, peu à peu, les embarras de ses viscères. Dans le sein de tous les êtres vivants, l'expansion non contrariée est la force médicatrice principale, ou même unique.

Peuples et individus, lorsque nous souffrons, sachons donc attendre. Ouvrons notre âme à la pensée que, par nos souffrances, c'est leur cause même qui s'effectue, qui s'épuise, et qui prépare, pour nous, le retour des beaux jours.

Mais reconnaissons-le : pendant la durée de toute peine, ce langage, quoique celui de la vraie science, de la vraie sagesse, est difficile à l'individu, à celui même qui en sent le mieux la vérité. Pour les peuples en période de souffrances, il est bien plus difficile encore... Chaque individu alors, surtout des classes inférieures, rejette avec humeur ce conseil d'attendre un soulagement que personne ne peut lui définir encore, qui peut-être ne viendra qu'après sa vie, lorsqu'il ne pourra plus y participer!

Soyons sincères; avouons une expérience de chacun de nous : dans l'état de souffrance, le premier soulagement que s'accorde l'homme de toute classe, de toute instruction, de tout caractère, c'est la plainte amère, exagérée, injuste. Comment les peuples, dans la période de souffrance, échapperaient-ils à cette disposition! Aussi, il n'en est point qui, alors, ne la manifestent, ne l'expriment; qui, pour cette raison n'imposent à l'autorité qui les gouverne, le devoir d'une patience ferme, inaccessible à la colère, inébranlablement appuyée sur la raison et la prévoyance.

inébranlablement appuyée!.... Mais si, par la forme même du gouvernement, l'autorité est essentiellement faible, instable, vacillante, quelle fermeté, quelle patience pourra-t-elle puiser dans les vues, même les plus sages, dans les inspirations de la prévoyance la plus éclairée, dans les avis de la plus haute raison?

Et telle est aujourd'hui, en France, sa situation trop évidente. Je l'ai dit : nous ne cessons d'expier, par notre inquiétude, par notre agitation, l'entraînement, ou même la nécessité, qui nous ont conduits, il y a un demi-siècle, à donner un corps, une *représentation*, à la démocratie; c'était lui confier, au sein de l'État, l'action prépondérante; c'était distribuer la force politique en sens inverse de l'ordre sage et naturel; c'était, nous l'avons vu, c'était tomber dans les conditions productrices de l'aliénation mentale.

Et nous nous efforcions de croire que nous imitions la constitution anglaise! En Angleterre, la royauté est inébranlable, parce que le corps régulateur est fourni par la haute propriété, n'ayant rien à gagner aux bouleversements, ayant tout à y perdre, se prêtant à la formation, dans son sein même, d'un parti d'opposition au ministère, d'un parti *whig*, mais non d'un parti démocratique. La puissance démocratique a son siége hors du parlement, dans la presse, dans l'opinion publique. En réalité, la chambre des communes n'est qu'une succursale de la chambre des pairs; tandis que, en France, la chambre des pairs n'est pas même une succursale de la chambre des députés. Voulez-vous livrer immédiatement le peuple anglais à des convulsions effroyables! Émancipez la chambre des communes; que la chambre des lords lui devienne politiquement subordonnée; et, cette chambre des communes, soumettez-la aux caprices, aux incohérences, aux exigences, je ne dis pas de la classe sans propriétés, mais de la classe dont les propriétés individuelles, obscures, médiocres, d'ailleurs possédées par des hommes d'un esprit cultivé, enflamment leur ambition, sans leur donner de la dignité ni de l'indépendance. Par une telle organisation de gouvernement, c'est un sol ressemblant à celui de la Guadeloupe que vous aurez constitué, toujours tremblant, toujours menacé d'explosions souterraines, prêtes à tout abîmer sous le fracas des bouleversements.

Tel est aujourd'hui le sol de la France : Des partis indéfiniment variables en nombre et en influence, chacun ayant pour mobile de formation la conquête du pouvoir, mais tous se brisant, par les rivalités internes, en coteries fugitives, sans fixité de composition ni de direction ; les mêmes hommes passant alternativement de l'une à l'autre, et, à quelques exceptions près, tous ces mouvements individuels étant loin de se déterminer par l'impulsion sincère d'idées théoriques, mais par les vœux tacites d'une ambition qui se déguise, d'une prévoyance qui le plus souvent s'abuse, et lorsque le désappointement arrive, se change en irritation!

Est-ce ainsi que la nature fait marcher dans la vie l'homme sain et bien constitué? Tient-elle sans cesse tous ses membres, tous ses organes, en travail d'exhaussement, en efforts réciproques de prépondérance! quoi! une forme d'existence collective au sein de laquelle toute stabilité de hiérarchie est impossible! une constitution à bases précaires, qui met les hommes en pouvoir dans l'obligation, pour se soutenir, de rechercher plus soigneusement la faveur des chefs d'intrigue que l'appui des hommes graves et désintéressés! quel contresens moral et politique!

Et le plus souvent, quel en est le succès? Suivez la chambre depuis quelques années; sur les questions importantes, le résultat du vote est presque toujours fortuit ; favorable, c'est un heureux hasard ; contraire, c'est une malheureuse aventure ; le mot *majorité* n'a plus de signification, parce que ce qu'il indique n'a plus de permanence, d'autant moins que plus d'une fois l'avantage obtenu à la manifestation par *assis et levé* est perdu au scrutin secret. Sur le même sujet, la même assemblée, dans l'intervalle d'une minute, adopte et rejette, non sans doute par simple caprice, mais pour des raisons qu'elle ne dit pas, et que l'opinion soupçonne ;

ce qui flétrit cette chambre si puissante et déroute le gouvernement.

Citons un fait. Au mois de mai 1839, la chambre des députés se montrait à la fois si agitée et si incohérente, que personne ne voulait être ministre ; ce qui n'était point arrivé sous le règne de Charles X, ni peut-être d'aucun roi du monde. Tous les hommes prévoyants que Louis-Philippe appelait, semblaient lui répondre : Contre vous, et au-dessus de vous, est un pouvoir constitué, dont il nous serait impossible de prévoir les mouvements, ni de maîtriser l'influence.

Tout gouvernement légal était donc forcément suspendu ; surtout, nul budget ne pouvait être constitutionnellement voté ; ce qui allait autoriser un très-grand nombre de Français à refuser l'impôt ; et dès lors, que de malheurs ! que de désordres !

Survient brusquement, inopinément, la conjuration la plus audacieuse. Sous la conduite de Barbès, une poignée d'insensés surprend à leur poste de braves soldats, leur donne la mort. C'est le coup *Mallet* qui semble se reproduire. A l'instant, tous les hommes appelés au ministère se rendent auprès du roi, acceptent sa confiance, entrent en exercice. Dévouement honorable ! la bombe est détournée, mais elle n'est pas étouffée, et la mèche brûle toujours !

Quelle définition donner d'un régime social qui a besoin d'une conjuration pour écarter une tempête ? Et ce régime, produit immédiat d'une erreur fatale, du dogme de la souveraineté du peuple, quel doit être son effet continu, si ce n'est une fièvre ataxique avec d'impétueux redoublements conduisant aux fureurs du délire ! Ah ! quand elles auraient éclaté, avec quelle amertume, quelle justice même, ne reprocherions-nous pas au gouvernement de n'avoir su ni les prévoir, ni les prévenir !

Aussi, en ce moment, une chose m'étonne et m'afflige ; c'est que des écrivains très-remarquables par leurs talents et leur véritable patriotisme, croient devoir dissimuler, presque démentir la vérité urgente que tant de faits démontrent. Pour moi, je vais la prononcer hautement, ne craignant pas de penser, d'après les droits de mon âge, de mes études, de mon expérience, que cette manifestation d'une conviction profondément réfléchie sera utile, et qu'à ce titre, en l'exprimant, c'est un devoir que je remplis.

Oui, notre constitution sociale, dans laquelle la démocratie domine, est radicalement funeste ; et contre les commotions populaires qu'elle tend sans cesse à exciter, contre des tentatives anarchiques qu'elle rend inaccessibles à toute répression légale, il n'est plus qu'un préservatif efficace, c'est une force comminatoire, compacte, docile, irrésistible, placée sous la direction exclusive du suprême régulateur. La vigilance de cette force, rendue militairement inexpugnable, est devenue une nécessité très-dispendieuse, très-malheureuse, mais rigoureusement imposée par la force politiquement inexpugnable que notre chambre élective confère à la démocratie. Il n'est plus que ce moyen d'étouffer les bouleversements dans leurs racines ; il faut en décourager jusqu'à l'idée dans l'âme des imprudents qui seraient portés à la concevoir. Si c'est là ce que l'on fait, c'est ce que l'on a le droit et le devoir de faire.

Je n'écris ces mots sous l'influence de personne. Tout solitaire laborieux est libre par caractère et par habitude ; il n'est en commerce qu'avec les sujets de ses pensées.

Mon sujet, depuis cinquante ans, est la grande loi de l'équilibre qui gouverne la destinée de l'homme, la destinée des peuples, la destinée de l'univers ; je l'étudie sans cesse. En ce moment elle me démontre que, par une erreur meurtrière, le peuple français voyage, pour ainsi dire, dans la vie politique, sur des wagons en grand péril. Comme le malheureux convoi du 8 mai sur le chemin de Versailles, il est lié à une locomotive dont l'impulsion l'agite avec violence, l'entraîne avec excès de rapidité. Un degré de plus, et la rupture de l'essieu causera subitement des malheurs affreux. J'avertis le conducteur ; je le sollicite, s'il ne peut changer le mécanisme, s'il ne peut modérer le feu, de lui opposer à demeure un contre-appareil qui ramène aux limites de l'équilibre les effets inquiétants de sa véhémence.

Voilà toute l'inspiration que je reçois des convictions de ma pensée ; je me reprocherais de ne pas les manifester. Je vais en résumer les motifs.

CONCLUSION.

Pour la tracer avec méthode, revenons à notre point de départ.

La constitution physiologique de l'homme sain et bien organisé, est le type de la monarchie organique, ou de la meilleure constitution sociale.

Mais la constitution physiologique de l'homme sain et bien organisé n'est parfaite que lorsqu'il a atteint l'âge mûr; jusque-là, sa constitution native se développe et se perfectionne sans cesse.

L'équilibre normal est le but auquel elle aspire en marchant vers l'âge mûr. Par équilibre normal, il faut entendre l'état de pondération douce et pacifique, entre les deux forces générales de la nature, la force extensive et la force répressive; leur balancement réciproque est la vie de tous les êtres. Lorsque ce balancement s'effectue avec plus ou moins de secousses et d'irrégularité, c'est en physiologie l'état de *fièvre*, état dont s'approche l'effervescence habituelle de l'enfance, de l'adolescence, et encore de la jeunesse. En politique, c'est aussi l'état de fièvre; c'est l'équilibre *anormal*.

Le peuple français, depuis sa naissance en Europe, a passé bien des siècles dans l'équilibre anormal, signalé par le tumulte du moyen âge, et par les émeutes, les convulsions politiques, religieuses, des règnes constamment agités. Pendant cette longue période, la force répressive, dogmatique et féodale, quoique toujours attaquée, ébranlée par l'irritation extensive, conservait toujours la prépondérance; ce qui accumulait, dans le tempérament général, le besoin d'explosion.

Elle s'est faite, il y a un demi-siècle, et avec une violence déterminée par le retard qu'elle a mis à s'accomplir. Son effet essentiel et prolongé a été de faire passer la prépondérance vers la force démocratique, et, pour cette raison, de placer à demeure, dans la constitution sociale, cette prépondérance naturellement inquiète et turbulente. L'assemblée constituante, l'assemblée législative, la convention, la dictature impériale même, ont toutes montré ce caractère; et, après elles, il a fallu encore que la démocratie dominât dans la monarchie *représentative*, essayée sous le règne d'un prince, philosophe par opinion, mais lié par sa naissance et ses rapports au système de répression dogmatique et féodale, dont les efforts, un moment vainqueurs, l'avaient ramené. C'est ce qui a fait l'état constamment critique, constamment paradoxal, de la période de *quinze ans*, période pendant laquelle la démocratie, malgré sa puissance essentiellement supérieure, et malgré l'appui des formes représentatives, était cependant sans cesse menacée d'oppression et de sujétion.

Pour provoquer une seconde explosion démocratique, il ne fallait plus qu'un acte formel d'imprudence dogmatique et féodale; il fut fait en juillet 1830, et foudroyé en trois jours.

Mais, à son tour, ce fut la démocratie, irritée, victorieuse, qui, dès le lendemain, se montra impérieuse dans ses vœux, téméraire dans ses tentatives; elle réclama hautement le retour aux extensions indéfinies; très-heureusement elle ne put l'obtenir. Moment critique! En Europe toute la démocratie s'ébranlait; partout, le balancier social, secoué brusquement et avec une extrême violence, se détachait de son pivot; le genre humain allait tomber de nouveau dans le plus discordant tumulte, lorsqu'une main sage et ferme, arrêta en France même, et dans son germe, l'impétueux chaos.

La démocratie s'irrita, mais se soumit, en exigeant du moins quelques fruits de sa victoire; on lui accorda une part plus marquée dans l'exercice du gouvernement représentatif; ce qui, en l'apaisant sur l'heure, ne put cependant qu'aggraver, pour un temps prochain, le vice politique de la situation. Depuis ce moment il fut facile de prévoir que l'agitation populaire, en France, non-seulement ne pourrait être prévenue, mais qu'elle y serait inévitablement croissante, comme la fréquence des incendies dans un édifice naturellement combustible, au sein duquel se sont établis de nombreux foyers d'une ardente chaleur. Si l'on ne peut les détruire ni les modérer, il faut au moins placer, dans le voisinage, une forte caserne de pompiers vigilants et intrépides.

C'est, en effet, depuis la révolution de juillet, que la nécessité de cette précaution s'est montrée de plus en plus urgente, quoique le chef de l'État donnât par lui-même tant de gages à la paix des esprits. Mais la charte de 1830, *bâclée* sans réflexion, comme toute œuvre précipitée par les circonstances, ayant abaissé le cens électoral, et donné à la chambre des députés le droit d'initiative, le feu démocratique s'est trouvé augmenté, attisé pour ainsi dire. Aussi, chose frappante, un Prince, unanimement reconnu comme plein de raison, de modération, de lumières, animé des intentions les plus patriotiques, ayant surtout, à un degré sincère et réfléchi, l'esprit de son siècle, n'a pu cependant gouverner avec autant de sécurité que Charles X, son prédécesseur, si naïvement opposé à cet esprit. Jamais meurtrier farouche n'attenta aux jours de Charles X; la vie de Louis-Philippe a été sans cesse menacée; et malgré son zèle, ainsi que son habileté administrative, il n'a pu prévenir, ni l'humeur dans les masses, ni, dans le mécanisme social, l'accumulation continue d'embarras fatigants; tout ce qu'il a pu soutenir jusqu'à présent, c'est ce genre d'équilibre, précaire, irrégulier, fébrile, que nous avons appelé équilibre anormal; et, de jour en jour, cet équilibre même devient plus difficile; de jour en jour se manifeste avec plus d'évidence l'impossibilité essentielle à la démocratie de s'arrêter dans ses irruptions progressives, lorsqu'une fois il lui a été permis de s'élever au-dessus de la fonction éminemment utile, de la fonction productive et abdominale, que le plan de la nature lui assigne dans l'économie organique de chaque peuple comme dans l'économie organique de chaque individu. Tout régime qui intervertit cet ordre, qui, dans le corps social et dans le corps de l'individu déplace la démocratie jusqu'au point de la faire concourir à l'action cérébrale, la conduit inévitablement à usurper la totalité de cette haute fonction, à l'exercer comme l'incendie exerce sa puissance, comme la convention exerça son affreuse tyrannie, comme la junte de Barcelonne l'exerce en ce moment (septembre 1843). Toute démocratie déchaînée, sans responsabilité et sans contrôle, en vient bientôt, par une marche aussi fatale que rapide, à rendre excessivement urgente la nécessité d'une dictature irrésistible, de la dictature d'un imitateur de Napoléon.

A cette menace, qui frappera tout homme prévoyant et impartial, on s'écriera sans doute : Eh bien! renversons au plus tôt un ordre politique si funeste. Quel homme sans cesse malade et agité par l'effet d'un régime contraire à son tempérament et à son âge, ne se hâte de l'abandonner?

Je demanderai à mon tour : Quel homme n'est pas soumis, par les circonstances de sa situation, par la nature de ses relations, par ses devoirs même, à plus ou moins de contrariétés, ou d'importunités, qui imposent à son régime des conditions fâcheuses? Eh! c'est là surtout ce qui distribue, dans le sort humain, avec le plus d'efficacité et de généralité, la loi des compensations. L'homme sage accepte sans murmure, mais non sans souffrance, ces peines soutenues qu'il ne peut détourner ; il attend avec patience qu'elles se dissipent d'elles-mêmes, et, en même temps, il a soin, tant qu'elles durent, d'en balancer les effets par les correctifs, ou palliatifs, dont il peut disposer.

Il en est ainsi d'un peuple sage, ou gouverné avec sagesse. Lorsqu'une condition politique, non appropriée à son caractère, à ses mœurs, à son tempérament, s'est établie dans son régime, c'est qu'elle a été introduite et secondée par des circonstances, des intérêts, souvent par des erreurs, des préjugés, qui, à leur tour, ont fondé des intérêts, des habitudes, très-dignes de ménagements. Ce n'est du moins que par transitions prudentes qu'il faut en amener le remplacement.

Mais, sur l'heure, si cette condition inopportune est de nature à faire craindre de grands malheurs, le gouvernement doit en prévenir l'explosion, en attendant qu'il puisse en dissiper la cause.

C'est, en France, ce que nous voyons aujourd'hui. La paix sociale ne sera pas violemment rompue, parce que la balance vitale ne sera point disloquée; cependant, d'une part, dans le bassin de l'agression continue s'agitera la funeste ardeur démocratique, garantie par l'institution imprudente d'une chambre élective, fomentée elle-même par un mécanisme électoral, toujours en mouvement de division, de changement, de destruction; mais, du côté opposé, pour contre-poids patient, immobile, sera placé un corps formidable, rendu invincible, par sa force et son aplomb; sous son abri la civilisation reposera tranquille.

La France ne peut demander davantage. Une grande erreur politique la menace sans cesse de ses suites désastreuses; pour les neutraliser il faut les tenir elles-mêmes sous la menace d'une puissance à intentions pacifiques, mais constituée, organisée, de manière à ce que, si le combat s'engageait entre elle et la démocratie, celle-ci ne pût résister.

Axiome de tous les temps : *Si vis pacem, para bellum;*

Puisque tu veux la paix, sois donc prêt à la guerre.

Oui, la France veut la paix, tous les gouvernements aujourd'hui veulent la paix, parce qu'elle est nécessaire aux relations, aux jouissances que partout la civilisation amène. Mais la démocratie en France, en Europe, chez tous les peuples, c'est l'émulation ardente, brillante même; c'est donc bientôt la guerre, car inévitablement c'est bientôt la collision des succès. Il faut donc écarter la démocratie de tous les gouvernements européens, surtout du gouvernement de la France, si avancée en civilisation, naturellement si expansive, et c'est là précisément, c'est dans le gouvernement français que, par un déplacement d'idées, héritage de grandes révolutions, la démocratie règne et domine! Il faut donc la dominer elle-même en attendant que le temps, par sa marche patiente, la raison, par sa résistance éclairée, la conduisent à se contenter dans le corps social de la fonction d'importance fondamentale que son analogue exerce dans le corps de l'homme sage et bien constitué.

Voici encore une observation qui mérite bien que l'on y réfléchisse :

Lorsque, il y a trois ans, l'armement de Paris fut proposé, on s'attendait naturellement à ce qu'il serait le sujet de vives craintes, de vives réclamations de la part des gouvernements étrangers. Et loin de s'en affecter, ils paraissent en avoir été satisfaits.

C'est que dans l'état de nos mœurs, de jour en jour plus opposées à la guerre, ce n'est plus notre élan militaire que, sur l'heure, on peut redouter, c'est notre élan démocratique, qui même entraînerait d'immenses guerres s'il lui était permis de s'effectuer au delà de ses limites salutaires. Et il est essentiel à une chambre élective, ou plus généralement à un régime électoral, lorsqu'il est libre, entièrement livré à lui-même, d'exciter sans cesse l'élan démocratique à s'exalter, à déborder.

De plus, il est également essentiel aux progrès de la civilisation et de l'industrie de répandre le goût, l'habitude, le besoin du bien-être dans la classe prolétaire; je veux dire dans la classe des citoyens dont l'existence ne repose pas sur des propriétés territoriales, seule base qui ait de la fixité, mais sur des travaux, soit mécaniques, soit libéraux, toujours instables et précaires. Dans l'âme de ces hommes en si grand nombre, et doués la plupart de facultés si remarquables, l'inclination pour la dépense et l'ardeur des désirs sont presque toujours supérieures aux moyens courants de les satisfaire; presque tous rêvent naturellement des chances favorables à leur fortune dans d'impétueuses révolutions; et si ces rêves sont fomentés par une institution politique essentiellement mobile, par une mécanique électorale qui rend endémique dans l'atmosphère de toutes les fonctions, surtout de la fonction législative, la fièvre du changement, que de tacites conspirations, que de turbulentes espérances sont excitées, alimentées!

Puisque le gouvernement ne peut en dissoudre la cause, que du moins il la tienne en repos forcé. C'est bien assez, c'est beaucoup trop, de l'agitation vague, de l'ambition inquiète dont elle fait aujourd'hui le caractère de la génération. Allez jusque dans le moindre village, surtout aux approches de la tourmente électorale; au lieu de cette tranquillité casanière qui était si favorable aux liaisons d'amitié et aux sentiments de famille, vous trouverez des luttes d'intérêts, des rancunes d'amour-propre; vous entendrez, de part et d'autre, des récriminations odieuses!

Gouvernement qui te disais représentatif, déception déplorable! qu'as-tu fait de la société?

Hâtons-nous maintenant d'aller au-devant d'une crainte fréquemment exprimée.

Si le gouvernement représentatif se maintient en France longtemps encore, si, pour cette raison, une forte armée autour de Paris est longtemps nécessaire, et si une ceinture de citadelles la rend inexpugnable, la brutale oppression d'une tyrannie militaire, semblable à celle qui vient de bombarder Séville et Barcelonne, ne viendra-t-elle pas un jour écraser Paris et la France?

Non; c'est impossible. En premier lieu, les mœurs espagnoles sont encore très en arrière de la civilisation française; c'est en Espagne surtout que l'arbre dogmatique et féodal avait poussé de profondes racines, et, sous son ombre sinistre, fermentent encore des passions dures, implacables.

En second lieu, l'Espagne est un pays tout incohérent, tout morcelé; l'unité politique ne pourra peut-être jamais s'y établir. La ville indiquée comme capitale est entourée de plages stériles, et inférieure en tous les genres de force à Cadix, à Barcelonne, à plusieurs autres points. Chacun de ceux-ci fournit un centre d'usurpation à tout audacieux qui parvient à le saisir, et qui, ensuite, ne peut s'y maintenir qu'à l'aide d'opérations sanglantes.

En France, grâces à la distribution presque homogène du territoire, et à la centralisation si heureusement conquise par l'administration, le pouvoir, maître de Paris, commande partout et sans forte résistance. Il lui serait donc inutile de se montrer féroce et impitoyable; il lui est, au contraire, de tout avantage de se montrer conciliant et généreux; et telle est aujourd'hui l'inclination naturelle de tout homme qui se sent invincible. Tant que Napoléon marcha vers le trône, nul grand holocauste ne l'arrêta; il commença par le 13 vendémiaire; il continua par les batailles les plus meurtrières. S'il fût parvenu au but de ses travaux, à une domination ferme, incontestée, il aurait, comme Auguste, réparé le plus qu'il aurait pu de ruines et de malheurs.

Mais, dira-t-on, après Auguste vint Tibère. Oui; mais, en France du moins, c'est le temps d'un Tibère sur le trône qui désormais ne pourra venir. Il n'est plus de Français, surtout dans les classes élevées, qui naisse avec un tempérament cruel, affamé de tyrannie; nos mœurs sociales sont diamétralement opposées à celles du moyen âge. Tous, princes ou simples citoyens, nous poursuivons les jouissances de la vie; mais, parmi ces jouissances, nous sommes loin de placer l'oppression ni la souffrance de personne. Nous laissons de telles satisfactions aux siècles de Louis XI et de Charles IX

Aujourd'hui, en France, une seule tyrannie serait possible, ou même imminente et inévitable, si elle n'était prévenue; ce serait celle d'une agglomération démocratique, que, pour quelques instants, notre régime électoral aurait conduite au pouvoir. Pour s'y soutenir, elle serait, malgré elle, défiante, vindicative, intolérante, cruelle; non que ses membres fussent chacun, par caractère ou fanatisme d'opinion, intolérants, cruels; ils n'auraient presque tous été poussés que par le vent de l'extension indéfinie, les ayant surpris dans une situation engorgée, et sous l'oppression réciproque de leurs besoins vagues de changement, de développement. Ce ne serait, en très-grande partie, qu'un tumulte d'intérêts temporels, arborant un drapeau sentimental ou patriotique, qui n'aurait presque rien de sincère. Bientôt le groupe fortuit se diviserait, et un nouveau dictateur, sorti de son sein, s'élèverait, si toutefois l'Europe lui en laissait le temps.

Mais le désordre produit par cette irruption passagère dans le domaine de l'autorité rationnelle, pacifique, hiérarchique, n'en serait pas moins très-pénible à traverser. C'est sagesse que de l'empêcher de naître. On y parviendra, et sans abuser des moyens qui en auront donné la faculté.

A ce sujet, il importe, dans l'état actuel des esprits, de calmer les défiances, les alarmes, et, pour cela, de définir les moyens qui seront employés. Je crois pouvoir l'affirmer : ils ne seront jamais que comminatoires; ce qui me le persuade, c'est que ce caractère leur suffira pour que, à Paris, toute démonstration inquiétante soit prévenue. L'armée, à la disposition du gouvernement, n'aura, ce me semble, nul besoin d'artillerie; et il ne sera point nécessaire que les diverses citadelles soient pourvues de mortiers et de canons. Leur utilité immédiate sera de donner retraite à des corps nombreux d'infanterie et de cavalerie, disponibles au plus léger signal, mais habituellement sans contact avec la population de la capitale. Si une crise politique amenait un désordre civil, la garde nationale l'etoufferait vraisemblablement. La garde nationale de Paris, quelles que puissent jamais être, dans son sein, les divergences d'opinion, n'hésitera jamais à comprimer toute émeute naissante, parce que le calme social est nécessaire à l'existence et aux affaires de tous ses citoyens. Et si les excitateurs au désordre voient encore, derrière elle, une armée prête à la soutenir, ils s'arrêteront dès leurs premiers pas, ou même ils renfermeront leurs intentions; et tel est le but tacite qu'il s'agit d'atteindre. *Principiis obsta.*

A prévenir le mal mets tes soins, ta prudence.

Mais quoi! dira-t-on, dans des forts inexpugnables une armée immobile et inutile! Les chefs de l'État ne seront-ils jamais tentés de la faire servir à l'augmentation tyrannique de leur pouvoir? Ici répondons encore par l'adoucissement général de nos mœurs, et par une considération bien digne d'éclairer notre prévoyance.

Il se fait aujourd'hui une révolution heureuse dans la philosophie de l'humanité. L'idée calmante des compensations pénètre doucement dans les âmes réfléchies; elles sentent que puisque l'équilibre dans le mouvement est la vie de l'univers, il doit régler la distribution des actes et des conditions dont se compose la vie de ses êtres les plus élevés, la vie de chaque peuple et celle de chaque individu; que, par conséquent, dans le cours de l'existence de chacun de ces êtres, tout excès d'action personnelle dans le sens de ses passions, de ses intérêts, reçoit tôt ou tard une expiation de même mesure. Une telle attente, qui, bientôt, sera entrée généralement dans la pensée humaine, ne suffira pas toujours pour arrêter entièrement les individus et les peuples sur la pente des excès; mais les uns et les autres se laisseront souvent modérer par les avis intérieurs qu'elle ne cessera de leur faire entendre.

Je ne crains pas maintenant de dire que, déjà, ce sont surtout les hommes élevés en pouvoir et en fortune qui reçoivent le plus souvent, le plus fortement, de leur raison et de leur expérience ces avis salutaires. La morale privée et politique du Roi des Français en est manifestement empreinte.

Soyons donc sans inquiétude sur les conséquences de l'appareil formidable qui va environner Paris; c'est une précaution imposée par le sentiment et le devoir d'un balancement pacifique ; et c'est précisément parce que cet appareil sera formidable au degré irrésistible que le roi et ses ministres se sentiront dans une sécurité grave qui les autorisera à suivre le penchant naturel, aujourd'hui, à tout homme puissant par ses lumières, le penchant vers cette popularité noble qui, dans les hommes haut placés, les récompense de leurs habitudes de déférence, d'aménité et de justice.

A présent, néanmoins, ne l'oublions pas : Tant que le régime à formes électorales, fondé sur le dogme séditieux de la souveraineté du peuple, agitera la masse générale du peuple français, la poussera à des révolutions indéfinies, l'équilibre social maintenu par l'autorité supérieure, par la *Raison armée*, sera de ce genre irrégulier que nous avons appelé anormal, et auquel indubitablement elle aimera à substituer graduellement l'équilibre normal qui naîtra de la monarchie organique. Cette heureuse transformation pourra-t-elle nous être bientôt accordée? Il me semble que l'on peut l'espérer.

Consultons toujours l'analogie. Elle nous rappelle que la perfection organique d'un peuple, comme celle d'un individu, doit devenir son apanage lorsqu'il atteint l'âge mûr. Or, le peuple français n'a-t-il pas fait, depuis quelque temps, de grands pas vers cet âge? N'est-ce pas, en premier lieu, un acte de maturité que d'avoir secoué, par sa grande révolution, le joug dogmatique et féodal imposé à son enfance, et d'avoir exilé la famille qui avait tenté de le relever?

En second lieu, dans l'individu, n'est-ce pas surtout lorsque son âge mûr se déclare, que sa force de conception et de pensée s'élève à son plus haut degré? Or, quelle force de conception et de pensée serait supérieure à celle d'un peuple qui a pu fournir à l'un de ses enfants les documents et les raisonnements nécessaires pour découvrir le système universel? L'œuvre que, sous ce titre, je présente à mes contemporains, est celle de mes contemporains eux-mêmes. Mille autres, dans la retraite où j'ai passé ma vie, l'auraient également tracée; et nul solitaire, ni moi, ni personne, n'aurait pu, dans un autre pays et un autre temps que les nôtres, en trouver tous les éléments à sa portée, n'avoir qu'à les rassembler et les ordonner. Cet écrit même, qu'en ce moment j'adresse aux hommes éclairés, quelle en est la substance? Un des sujets philosophiques les plus élevés, lié au principe fondamental par l'entremise de ce qu'il y a de plus important dans la science positive des faits naturels. N'est-ce pas l'universalité des aperçus qui, pour un tel résultat, était nécessaire? Et à quelle époque dans l'histoire de l'esprit humain, au sein de quel peuple, avant notre époque et avant le peuple français, une telle universalité aurait-elle pu être embrassée?

Enfin, comme troisième témoignage en faveur de notre maturité sociale, je dirai encore : Tant que l'esprit de l'homme ne possédait que des ébauches, des fragments de la vérité universelle, il lui convenait d'être défiant et réservé dans l'exposition des parties mêmes qu'il découvrait; chacune de celles-ci manquait de plus ou moins des compléments nécessaires à sa parfaite évidence; et souvent, très-souvent, il avait l'inquiétude, le regret, d'être conduit à combattre, par des raisonnements ou des faits qui lui semblaient invincibles, d'autres raisonnements ou d'autres faits qui, à lui-même ou à d'autres personnes dignes de son estime, semblaient également ne pouvoir être contestés.

Voilà une sorte d'anxiété qui se dissipe : La vérité universelle met de l'unité, de l'harmonie dans toute la pensée des hommes qui s'ouvrent à sa lumière, parce que, dans l'univers qu'elle représente, tous les faits, tous les rapports sont essentiellement en harmonie. La franchise pleine et entière s'apprête donc à devenir l'honorable caractère du langage humain, caractère attestant la force et la maturité de toutes les facultés humaines.

Mais, nous ne saurions le dissimuler, la manifestation de ce caractère est encore bien timide dans une grande partie de la génération actuelle. Que d'hommes qui, dans le secret de leur conscience, abordent sans détour et discutent sans scrupule tous les genres de questions, se taisent en public, ou même dissimulent leurs opinions véritables! C'est surtout dans la carrière de l'enseignement que l'on rencontre cette gêne, cette contrainte. Là, l'exercice de fonctions honorables et utiles exige encore, des hommes judicieux à qui elles sont confiées, un vernis d'antiquité. Et ils sont bien obligés de s'en revêtir, car, en face sont les anciens titulaires de ces fonctions mêmes, qui travaillent à les ressaisir, et pour cela cherchent à émouvoir, en faveur de leur cause, les âmes timorées que les antiques habitudes de mœurs et de croyances retiennent encore. C'est ce qui fait, en ce moment, la situation fausse de l'Université. La plupart de ses agresseurs sont loin de croire eux-mêmes aux principes qu'ils lui reprochent d'abandonner. Mais comment parviendraient-ils à la renverser, s'ils ne feignaient contre elle une sainte irritation? Reconnaissons, d'ailleurs, qu'elle prête à leurs attaques par ses doctrines philosophiques, qui, séparées de la foi, n'en ont pas remplacé l'appui par celui de la science et de la raison.

Tout cela passera bientôt. La transition avance; nous marchons à grands pas vers la vérité par le chemin de la science générale et positive, qui, seule, pouvait nous y conduire. Lorsque nous y serons arrivés, l'unité parfaite de nos idées amènera nécessairement l'unité et la sincérité parfaites de toutes les expressions que nous aurons besoin de leur consacrer. Alors seulement l'enseignement public pourra être libre, parce qu'il sera essentiellement homogène. Jusque-là, toujours en altercations, en controverse, toujours par conséquent favorable à l'esprit de faction, il imposera au gouvernement le devoir d'une attentive surveillance.

En attendant que toutes les questions importantes ne reçoivent plus qu'une solution, signalons une de celles sur lesquelles, déjà, l'unanimité se manifeste. C'est au sujet de notre simulacre de monarchie représentative, condensée dans la Chambre des députés. L'opinion publique en est venue généralement à lui refuser considération et confiance, tout en reconnaissant le mérite et le talent d'un grand nombre de ses membres. Comme corps politique, cette institution est usée, et, quoique de source démocratique, elle est abandonnée, décriée, même par les fauteurs sincères de la démocratie; c'est à elle, et à la situation constamment fausse et contrainte dans laquelle elle place les ministres, que l'opposition au gouvernement doit son immense force numérique. Et cependant, par un contraste bizarre, cette chambre des députés, bien loin de s'être fait un parti prêt à la défendre, si elle était menacée de suppression, n'a pas même un partisan prêt à déclarer en conscience qu'elle mérite appui, affection, estime.

Et, ce qui est encore plus significatif, voilà un corps sans esprit de corps! Quel est le député qui ne soit pas homme d'honneur dans toutes ses relations civiles, et quel est celui qui tient à l'honneur de la chambre, qui s'affecte des incriminations dont elle est l'objet?

Une telle disposition démontre que l'institution, se disant représentative, a fait son temps; elle a poussé efficacement à la consommation de la révolution du siècle; c'était sa mission qui, maintenant, est presque terminée. En effet, toutes les opinions politiques, jadis les plus divergentes entre elles, les plus inconciliables, tendent à se confondre, ou plutôt à s'effacer. Jamais, au temps de la Convention, un soldat de l'armée de Condé n'eût pactisé avec un disciple de Condorcet ou de Lafayette. Aujourd'hui, il est sans doute, d'une part, quelques légitimistes sincères, qui s'enferment avec leurs vœux et leurs regrets; d'un autre côté quelques républicains, de conviction et de caractère, qui s'abusent sur la disposition des choses et des esprits, mais qui du moins isolent franchement leur cause, et la soutiennent avec dignité. Tels sont les écrivains du *National*; mais, hors de leur rang, combien d'autres arborent le même drapeau, et cependant s'unissent à d'anciens vassaux du pouvoir féodal et dogmatique, qui, de leur côté, viennent avec zèle au-devant de cette union! Pour les uns et pour les autres, il n'y a donc plus aujourd'hui, ni opinions républicaines, ni opinions et sentiments légitimistes, mais coalition de vœux également révolutionnaires, excités par la passion du changement, le besoin d'exhaussement, et comptant sur l'appui d'un corps politique, devenu une machine à intrigue, ou, ce qui est la même chose, un foyer de bouleversement.

Voilà ce qui conduit à des appréhensions sinistres. Des hommes d'un esprit développé, d'une âme ardente, pleinement libres dans leurs alliances, parce que l'ambition seule les détermine, de tels hommes sont très-habiles au soulèvement des masses. Dans un moment de crise amenée par les dissensions de la chambre élective, ils peuvent se concerter pour faire un appel commun à toutes les classes de mécontents; et alors, s'il est un jeune banni qui soit protégé, présenté, par une main étrangère, ils peuvent lui offrir le secours intérieur d'une fermentation violente. Dans un tel moment, quelle ne serait point la nécessité, autour de Paris, d'une barrière formidable, également armée contre les Vandales de l'intérieur et ceux de l'extérieur!

Quod omen Deus avertat!

Que le Dieu de la paix détourne ce présage!

Qu'est-ce donc cependant qu'une constitution sociale qui se prête à de telles éventualités, qui même les prépare, les favorise!

Ah! reposons-nous dans la contemplation du contraste.

Voilà une composition organique, forte, calme, imposante; c'est celle d'un homme dans la maturité de l'âge, dont la belle constitution native a fondé, dans son sein, un gouvernement parfait, lequel, à son tour, a développé, mis en œuvre, toute l'ordonnance simple, régulière, de sa constitution native.

Dans cet être à démarche assurée, à mouvements soutenus sans impétuosité, deux régions d'organes, l'une supérieure, l'autre inférieure, sont liées entre elles par de puissantes nervosités intermédiaires.

Dans la région supérieure, un pilote cérébral est entouré des plus riches faisceaux du sentiment, de la raison, de l'intelligence. C'est l'administrateur vigilant de toute la fortune vitale. Pour cela, il dispose d'agents nombreux, actifs, distribués dans le plus grand ordre, et parfaitement disciplinés.

Dans la région inférieure résident les organes fondamentaux, producteurs laborieux de toute la substance organique, fondant leurs droits à tous les égards sur leur très-grande importance.

La loi de tous les êtres, de tous les mouvements, la loi de l'univers, ordonne l'équilibre entre la production continue des organes fondamentaux et l'emploi très-varié que le chef lui assigne.

Lorsque, malgré les remontrances et la résistance de l'aréopage cérébral, l'équilibre est troublé par l'exigence, soit de l'organe supérieur, soit de l'un, quelconque, des organes inférieurs, la souffrance est générale, mais passagère ; la solidarité de l'ensemble est si étroite que cette souffrance générale excite à l'instant une réaction générale, travaillant, d'un commun effort, à effacer le désordre.

Sitôt qu'elle y est parvenue l'équilibre est rétabli ; et cette leçon de l'expérience, affermissant les conseils de la sagesse, maintient pour longtemps la modération de tous les organes. De cette modération découlent, pour l'économie entière, la paix, l'harmonie, la douceur de vivre, la santé, le bonheur.

Quel emblème ! qui ne le transporte à l'instant de la physiologie à la politique ? Et qui ne voit aussitôt de quel prix sont, en organisation politique et en organisation physiologique, l'ordre, la hiérarchie, rendant si douces, si faciles, la modération et la sagesse ? Rien ne montre mieux combien la physiologie et la politique se confondent dans le plan de la nature.

Mais, pour découvrir cette union intime, pour que la théorie conjointe de deux ordres de faits de si grande importance pût être dévoilée par l'esprit humain, et pour qu'il pût en conclure la meilleure forme de gouvernement social, il fallait évidemment que, d'une part la science anatomique et physiologique, d'un autre côté l'expérience politique, fussent très-avancées, ou même complètes : et tel est le privilége de notre époque. Sous le rapport de l'observation attentive et de la pratique judicieuse, qu'y a-t-il encore, dans la nature, au-dessus de la science académique, au delà des faits révélés par MM. Serres, Breschet, Magendie, Velpeau? Et d'un autre côté, l'homme de mon âge qui, depuis 89, toujours témoin, quelquefois victime, a suivi l'assemblée constituante, la convention, l'empire, le règne de Louis XVIII, celui de Charles X, celui de Louis-Philippe, qu'aurait-il à apprendre encore en fait de mouvements des nations?

Mais ces avantages ne suffisaient pas. Pour qu'il existât, sur le globe, un peuple susceptible de la monarchie organique, il fallait, comme nous l'avons vu, que ce peuple eût échappé aux illusions, aux témérités de la jeunesse, fût entré dans l'âge mûr; et c'est également, d'après les indications que nous avons exposées, l'âge du peuple français.

Soyons donc en paix avec l'histoire, et particulièrement avec la mémoire de nos ancêtres; les diverses formes de gouvernement par lesquelles ils ont passé, ont toutes été bien loin de la forme bonne en principe; mais celle-ci, à aucune époque, n'aurait pu leur convenir; ils étaient trop jeunes, et ils manquaient de lumières.

Aujourd'hui seulement, nous sommes arrivés, du moins en France, aux conditions d'âge et d'instruction nécessaires pour comprendre la monarchie organique, pour apprécier, dans la nature universelle, les grands rapports qui la soutiennent, pour l'approprier à notre tempérament, pour en faire notre religion politique.

Et, par cela même qu'elle nous est maintenant convenable, les événements, les circonstances, la marche du temps, des mœurs et des idées, ne peuvent qu'en préparer, pour nous, l'établissement. C'est à nous d'y concourir, sans précipitation comme sans négligence, en appelant sur elle la confiance publique, en développant ses avantages, en démontrant son opportunité.

Et ne nous arrêtons pas. Quelles que soient l'élévation et l'importance de la physiologie politique, donnant la même base, la même sanction, à la morale de l'individu et à la morale des peuples, ce n'est encore que le sommet de la philosophie ; il lui faut une base digne d'elle ; et il n'est évidemment que la science de toute la nature qui puisse lui en servir.

Eh bien! le Principe universel nous ouvre la carrière, et nous invite à la parcourir. Que la clarté de ce flambeau nous guide et nous anime ; que l'œuvre sacrée de l'intelligence humaine, que l'étude de l'univers, commencée à la naissance du genre humain, se dessine enfin dans sa haute magnificence. Imprimons à son ensemble la gradation de l'ordre et la force de l'unité.

Hommes de sens et de courage, la vérité invoque votre zèle, et le vieillard qui l'a cherchée confie à votre honneur les fruits de ses travaux.

Examinez, parlez ; plus d'ombre, de nuage ;
La raison vient briser les chaînes du langage :
Pour l'homme réfléchi, sincère, convaincu,
Le devoir de tout dire est aujourd'hui venu.

APPENDICE.

Il manque un développement au chapitre où j'expose les vicissitudes de prospérité et de souffrance par lesquelles passe inévitablement la vie de tous les peuples. Je les explique, comme celles de l'atmosphère, par la nécessité, pour le beau temps, de préparer le mauvais temps, de finir par le produire, et réciproquement, pour le mauvais temps, de préparer, et, à son terme, de produire le beau temps. Mais, dans l'application de l'analogie, je n'ai pas assez tenu compte des différences qui distinguent la vie d'un peuple de la vie de l'atmosphère. Celle-ci, beaucoup plus simple, est enfermée dans le cercle d'une année ; les biens et les maux qui lui surviennent, et que d'ailleurs elle ne sent pas, n'ont, chacun, que peu de durée, et leur succession est rapide, tandis que, pour un peuple, dont la vie est de plus ou moins de siècles, les phases de prospérité et celles d'adversité se prolongent quelquefois beaucoup trop pour que, pendant celles d'adversité, ou plus exactement, de pénurie générale, les classes laborieuses n'en soient écrasées avant le retour de l'abondance et de la prospérité.

Le législateur, dans les États civilisés, doit avoir à cœur de pourvoir, par une précaution permanente, à cette situation éventuelle des classes laborieuses. On a proposé des banques de charité, des appels à la bienfaisance des riches. M. Eugène Sue, dans son ouvrage (*Mystères de Paris*), si merveilleux de talent et d'imagination, a souvent traité cet important sujet avec le zèle d'une générosité aussi ardente qu'éclairée ; il a indiqué surtout, aux hommes et aux femmes dans l'opulence, un moyen efficace de tromper, au profit des malheureux, l'ennui qui, dans la haute fortune, découle du poids des loisirs et de la monotonie du bonheur. Nulle idée philantropique ne sera jamais plus ingénieuse et plus aimable. Mais on doit craindre que toute institution purement bénévole ne soit précaire, variable, exposée à la désuétude, d'autant plus que chaque famille dans l'aisance a ses pauvres d'habitude, qu'elle connaît, dont elle sait l'histoire, et qui comptent sur elle. D'ailleurs encore, dans les temps de cessation du travail par engorgement de produits, ou par l'effet de circonstances politiques, les souffrances populaires sont trop multipliées pour que des efforts individuels suffisent à les soulager.

Je pense que, tout en implorant la commisération des riches pour les victimes des désastres imprévus, tels que les inondations, les incendies, ce serait surtout la classe laborieuse elle-même qu'il faudrait exciter à préparer d'avance les secours que la seule marche du temps lui rendra un jour nécessaires. En premier lieu, il faudrait l'éclairer à cet égard, et la pénétrer, pour tout son avenir, d'une prévoyance semblable à celle qui la porte, ainsi que les citoyens et les familles de toutes les classes, à faire, pendant l'été, les provisions de vêtements, d'aliments, de combustibles, pour l'hiver. Nous savons tous avec certitude que le froid viendra tous les ans nous en donner le besoin. Dans l'économie politique, les dérangements, les embarras, n'arrivent pas, comme les mois de neige et de gelée, avec une périodicité régulière; mais, plus tôt ou plus tard, la loi universelle les amène invinciblement par compensation aux avantages qu'elle-même a produits. L'ouvrier qui, par une persuasion réfléchie, les attendrait comme inévitables, et qui se trouverait en veine d'un travail abondant, ne se sentirait-il pas invité à faire, pendant cette période heureuse et passagère, des provisions rassurantes?

Eh bien! que le gouvernement stimule encore son zèle de prévoyance. Je connais un propriétaire qui, en prenant, il y a quelques années, un domestique vivement recommandé, et lui promettant trois cents francs de gages, lui donna encore un livret de la caisse d'épargne, chargé d'un dépôt de cinquante francs, et lui dit : chaque fois que vous me montrerez, sur ce livret, un nouveau dépôt de cent francs, vos gages seront augmentés de cinq francs : cette augmentation a été gagnée quatre fois en trois ans, et ce brave serviteur, qui n'est plus jeune, assure ainsi tout doucement le repos de sa vieillesse.

Tout ouvrier laborieux et sage est un très-estimable serviteur de l'État; celui-ci, grand propriétaire, dont les finances sont en bon ordre, et qui, déjà, est le protecteur de cette caisse d'épargne en possession si légitime de la confiance populaire, ne pourrait-il pas y fonder un intérêt élevé, 6 pour cent par exemple, en faveur des ouvriers, pères de famille, recommandés par les autorités locales et les chefs d'atelier, comme étant dignes de tous les égards? Dans la classe laborieuse alors quelle émulation d'activité, de probité, d'économie! Vraisemblablement, les dépôts à la caisse deviendraient habituellement très-supérieurs aux remboursements, ce qui fournirait à l'État lui-même le remboursement de ses avances. Et, pour la société entière, le bénéfice moral serait si marqué, si précieux!

On cherche depuis longtemps quelle organisation il faudrait donner au travail; la voilà, ce me semble; elle concilie l'intérêt personnel avec le bon ordre et la liberté; dans le corps de l'État, elle lie l'action des travailleurs avec celle des gouvernants, les mains avec la tête.

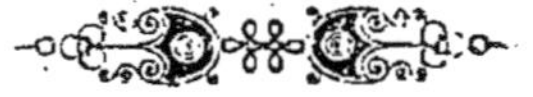

LETTRE

A MONSIEUR DE LAMARTINE.

Paris, 30 octobre 1843.

Monsieur,

J'ai l'honneur de vous adresser un ouvrage à la production duquel vous n'êtes pas étranger. Je le méditais depuis quelque temps, lorsque votre discours au banquet de Mâcon, et l'effet qu'il produisit sur l'opinion publique, vinrent me montrer combien il devenait nécessaire de donner aux grandes vérités politiques une franche et puissante manifestation. Un homme de votre admirable talent et de votre bonne foi parfaite ne pouvait, sans un grand danger pour la pensée humaine, se tromper sur des points très-importants. Vos erreurs, illusions généreuses, revêtues du style le plus éclatant, et signées de votre nom, si estimé, si honoré, avaient besoin au plus tôt d'une barrière qui en arrêtât la contagion, et cette barrière ne pouvait être posée que par la vérité positive, absolue, susceptible d'une démonstration rigoureuse.

Vous le savez, Monsieur, c'est là que depuis longtemps j'ai soin de puiser les raisonnements et les faits dont je compose mes ouvrages; vous les avez tous accueillis comme méritant, à ce titre, la confiance des hommes judicieux. Plus d'une fois vous avez exprimé devant moi le pressentiment que je ramènerais tout à une *idée;* ce qui voulait dire à un Principe qui, pour remplir, à vos yeux même, cette destination, devait être le Principe moteur de la nature entière; en sorte que votre pressentiment, en même temps qu'il était pour mes travaux un très-honorable suffrage, signalait en vous l'esprit le plus juste, le plus étendu.

C'est à vous d'ailleurs, Monsieur, que j'ai emprunté ce beau vers dont j'ai fait la péroraison d'un de mes écrits, et dont on pourrait faire l'épigraphe de notre siècle :

Le monde, en s'éclairant, s'élève à l'unité.

Oui, Monsieur, le fruit continu et sans cesse croissant de l'instruction générale est la propagation et l'affermissement de cette pensée : que l'univers est *un* par sa constitution ; c'est-à-dire que le type fondamental de tous les genres d'êtres est essentiellement le même ; il ne diffère que du simple au composé.

Cette unité universelle de constitution découle de ce que le mouvement, âme de l'univers, n'a qu'un principe, l'*Expansion,* réglée elle-même par une seule loi, l'équilibre entre l'action expansive de chaque être, isolément considéré, et la réaction, également expansive, de tous les êtres dont il est environné.

Dans les êtres collectifs, tels que les sociétés humaines, l'expansion directe, ou initiale, est celle de chaque individu ; l'expansion secondaire, ou réactive, est celle de tout le corps social, représenté par le *Gouvernement.* Si l'Etat est bien *gouverné,* ces deux exercices d'une même cause, d'une même force, se maintiennent, non en égalité absolue et de tous les instants, mais en balancement réciproque, en pondération respective. Si l'État est mal gouverné, c'est-à-dire si l'expansion directe, individuelle, est habituellement supérieure en intensité à celle de l'expansion réactive, sociale, l'État se désorganise, il marche vers sa dissolution. Si, au contraire, c'est l'expansion réactive qui est habituellement et fortement prépondérante, cette prépondérance est essentiellement temporaire. Comme l'expansion directe ou individuelle est le premier emploi du Principe qui, à titre même de Principe, ne peut être anéanti, il en vient, plus tôt ou plus tard, à secouer la puissance oppressive, à la dissoudre par explosion.

Voilà les deux issues terminales de tous les excès politiques; le meilleur gouvernement social est celui qui les prévient l'une et l'autre, en maintenant, comme nous l'avons dit, le balancement réciproque des deux genres d'impulsion.

Mais il est essentiel à l'expansion individuelle, par cela même qu'elle est directe et initiale, d'augmenter sans cesse d'activité, à mesure que, dans l'ensemble du peuple, les lumières, l'industrie, le bien-être, en un mot les bienfaits de la civilisation, font des progrès. Pour que l'équilibre soit conservé, il faut évidemment que l'expansion secondaire ou réactive suive pas à pas ce progrès, et croisse au même degré en vigilance et en moyens de conservation; la nécessité de cette correspondance a constamment tracé l'histoire politique de tous les peuples.

Et enfin, ce que depuis cinquante ans notre histoire politique atteste encore : si, par la constitution même de l'État chez un peuple civilisé, le progrès de l'expansion individuelle se trouve en possession d'une faveur, d'une prérogative, à laquelle le progrès gouvernemental ne puisse légalement correspondre, il y a, dans cette constitution, un vice radical qui sans cesse gêne l'équilibre, sans cesse agite la masse sociale, sans cesse la menace de destruction. C'est une convulsion à prévenir.

Voilà, Monsieur, le résumé de la théorie politique fondée sur la constitution même de l'univers; votre sagacité découvrira aisément combien s'en écarte la théorie à laquelle se consacrent maintenant votre beau talent et votre zèle. Dans un État civilisé, la cause de la démocratie est celle de l'expansion directe, initiale, fondamentale, populaire; il est naturel qu'elle soit embrassée par votre cœur généreux. Mais réfléchissez; je vous le demande au nom de votre influence sur les jeunes âmes qui vous écoutent; songez à la nécessité du balancement continu entre l'action démocratique et l'action gouvernementale; voyez si, en résultat, ce que vous travaillez à produire n'est pas l'augmentation forcée du pouvoir gouvernemental. Ce pouvoir, en quelques mains qu'il soit déposé, n'est essentiellement que l'agent de l'expansion secondaire ou réactive, et s'il est une vérité de pleine évidence, c'est que ces deux exercices de la Force unique doivent toujours se suivre dans leur marche et leur action. C'est comme, en chacun de nous, la pulsation périodique, le *battement du pouls*. Il n'est le signe de la santé et du bien-être que lorsqu'il oscille régulièrement, paisiblement, entre la dilatation et la contraction, entre l'expansion extensive et l'expansion répressive. S'il se désordonne, c'est la fièvre; s'il s'arrête, c'est la mort.

Lisez mon livre, Monsieur, tout ce que je viens de vous dire y est développé par des considérations, des arguments qui frapperont votre âme aussi pleine de candeur et de droiture que d'intelligence. Ce n'est pas un homme de votre caractère qui se laisserait retenir, par le point d'honneur, sur une ligne que de nouvelles réflexions lui représenteraient comme fausse, par conséquent funeste.

Ah! si mon livre contribuait à vous en écarter, quelle gloire pour mes vieux jours! quel service à ma patrie!

AZAÏS.

DEUXIÈME LETTRE

A MONSIEUR DE LAMARTINE.

5 décembre 1843.

MONSIEUR,

Je viens de lire avec une profonde satisfaction l'écrit que vous avez intitulé : *L'État*, *l'Église*, *l'Enseignement*. Il serait impossible d'enfermer dans un même cadre un plus grand nombre de questions importantes, de les traiter avec plus de sagacité, de clarté, une plus grande richesse de détails, exposés avec plus de franchise.

Mais, en résultat, votre belle âme s'inquiète de la discordance des éléments qu'elle a rassemblés ; par leur nature respective, ils semblent incompatibles, et vous gémissez d'avoir à craindre que cette incompatibilité, au lieu de s'adoucir, ne puisse que s'aigrir de jour en jour, et finir par amener des calamités politiques.

Je ne partage pas vos appréhensions. Permettez-moi, monsieur, de vous exposer les motifs de ma sécurité.

Une institution à base dogmatique ne peut être foyer de dissensions violentes que lorsque, encore jeune, passionnée, elle anime ses prosélytes d'une grande ferveur. Par compensation alors, ses adversaires ont aussi une ardente énergie.

Ce n'est plus, en Europe, en France surtout, la situation du dogme catholique ; il n'est plus, ni prêché avec enthousiasme, ni combattu avec véhémence. Écoutez même ses orateurs le plus en crédit ; leurs discours ne sont pas des sermons chrétiens, mais des allocutions morales et philosophiques, auxquelles ils n'auraient presque rien à changer s'ils apprenaient, en montant en chaire, que leur auditoire ne contient que des disciples de Socrate et de Platon. Ne craignez pas qu'ils abordent les points fondamentaux de la foi chrétienne, tels que le péché originel, ou les supplices infernaux ; ils savent que, dans l'état de nos mœurs et de nos idées, lorsque nous avons unanimement établi que les fautes sont personnelles, c'est blasphémer Dieu que de supposer qu'il a porté une condamnation excessivement rigoureuse contre la succession indéfinie des générations humaines, pour les punir de la désobéissance de leurs premiers parents, désobéissance d'ailleurs par elle-même si graciable !

Voulez-vous savoir maintenant ce qu'il faut conclure de ces ménagements des prédicateurs modernes pour les dispositions de leurs auditeurs ? Lisez les sermons de Bourdaloue sur le péché originel, sur l'enfer, celui même de Massillon sur le *petit nombre des élus* ; vous apprendrez là quelle langue doit être parlée, par un prêtre profondément convaincu, à des fidèles qui, eux-mêmes, sont sincèrement croyants et conséquents.

Étendez encore vos comparaisons : Les hommes de mon âge n'ont-ils pas vu le temps où des sentiments de tolérance pour les *hérétiques* étaient, aux yeux des catholiques sincères, une impiété monstrueuse, où les horribles rigueurs de l'Inquisition étaient préconisées, regrettées, par des hommes d'ailleurs pleins d'honneur et de probité !

Aujourd'hui la génération entière pactise avec les hérétiques, et ne sait plus même ce que l'on entend par cette accusation-là ; les prêtres mêmes ont déposé toute colère ; ils ne prononcent plus, à l'égard des musulmans, des juifs, ni même des athées, les mots affreux de damnation éternelle ; le sentiment religieux n'en est certes pas affaibli ; il en est au contraire épuré, augmenté ; le sentiment religieux se compose essentiellement de tous les mouvements chers aux âmes tendres et généreuses. Mais lisez l'histoire du christianisme : à son origine le sentiment religieux, maîtrisé, exalté par la foi, prit le caractère d'un amour passionné, disposant les âmes ardentes, tantôt aux dévouements sublimes, tantôt aux actes jaloux les plus barbares ; les fureurs de l'intolérance ne furent pas autre chose. Par degrés lents, mais soutenus, cette passion s'est affaiblie, elle a fini par s'éteindre. Que reste-t-il de l'amour, quand il n'y a plus de jalousie ?

Et, cet amollissement progressif de la passion catholique avait progressivement désarmé ses adversaires. Sous le règne philosophique de Napoléon, comme le clergé ne lançait plus d'anathèmes sacrés, les philippiques de Diderot, les sarcasmes de Voltaire, n'avaient plus d'échos ; une vénération sincère pour le christianisme, historiquement et moralement considéré, s'exprimait généralement et sans effort.

Mais, compensations en toutes choses : les événements compris sous le titre de *Restauration*, relevèrent ensemble, du moins pour quelques moments, les autels du catholicisme et ceux du Dieu Voltaire, dont les ouvrages reprirent une publicité fabuleuse. Quant à la foi antique, elle ne fut point essentiellement ranimée ; mais elle eut, pour adhérent zélé et convaincu, le prince, d'abord hé-

ritier présomptif de la couronne, ensuite roi effectif. Autour de lui se groupèrent un immense nombre de catholiques simulés, affichant la conviction et la ferveur ; ils entraînèrent Charles X aux tentatives les plus insensées ; le peuple révolutionnaire reprit sa massue ; le trône fut renversé, et sans la sagesse du prince éminemment réparateur, à qui le peuple remit la couronne, la révolution irritée démolissait à jamais l'édifice catholique.

C'est là aujourd'hui ce que le clergé oublie. Pendant quelques années, il s'en est souvenu, sa conduite a été recueillie, modeste, vertueuse ; il s'est renfermé dans ses charitables et salutaires fonctions ; aussi l'estime et la déférence publiques lui étaient rendues.

Qu'est-il donc arrivé, pour que cette heureuse harmonie se soit troublée ? Il est arrivé, non au clergé en corps, mais à quelques évêques, des motifs d'espérer que l'ancien pouvoir épiscopal pourrait se relever ; leur ambition s'en est émue ; dans toute corporation humaine ce sont surtout les sommets qui tendent encore à l'exhaussement ; c'est par de tels points que l'expansion est plus séduisante et plus facile. Mais ces motifs d'espérance, qui les a fournis au clergé supérieur ? C'est le gouvernement ; il y a été conduit par les justes alarmes que lui ont causées les progrès de la démocratie ; pour les retenir, il a invoqué l'ascendant du clergé inférieur sur les masses populaires, et pour mettre en œuvre cet ascendant, il s'est adressé aux sommités cléricales ; par des faveurs, des prévenances, il a tâché de les gagner à sa cause. Tel fut l'un des procédés politiques de Napoléon. Mais, à l'époque du concordat, Napoléon, vainqueur de l'Europe, et n'ayant encore éprouvé aucun revers, ne s'inquiétait pas de l'ambition épiscopale ; il disposait d'une armée de cinq cent mille hommes, et en face de son pouvoir n'était pas celui d'une chambre élective, essentiellement envahissante.

Voilà aujourd'hui la grande pierre d'achoppement contre laquelle, depuis 1830, ne pouvaient manquer d'échouer tôt ou tard les intentions les plus saines, les vues les plus judicieuses. De là procèdent, en première origine, tous nos embarras actuels. Traçons rapidement le caractère de la cause et la succession des effets.

Une chambre élective dans la monarchie, c'est une forte inconséquence, car l'esprit de la monarchie, c'est la stabilité, l'esprit de la chambre élective, c'est la mobilité, l'incohérence, l'instabilité, le caprice.

Pour se raffermir, l'esprit monarchique a eu recours à une croyance dogmatique, jadis puissante, alors prêchant aux classes populaires l'obéissance aveugle, l'humilité exaltée, gênant ainsi le progrès, tendant à produire l'immobilité.

Mais cette croyance dogmatique, dans les temps de son ardeur, avait fondé une hiérarchie sacerdotale, dont les sommités indéfiniment expansives, s'écartant les premières de l'esprit d'humilité, n'étant plus qu'ambitieuses et usurpatrices, avaient fini par étendre leur domination sur tous les peuples et tous les rois.

Ces sommités sacerdotales, fortement abaissées par le choc de 1830, voyant aujourd'hui que l'on revenait à elles, se sont rouvertes à l'espoir de ressaisir leur ancienne puissance, et se sont hâtées de réaliser cet espoir. Oubliant que leur arme jadis si effrayante, l'excommunication, n'est plus aujourd'hui qu'une foudre éventée, elles ont cherché à en ranimer les échos, et en effet, à la surface des vallées tranquilles, elles ont causé quelque agitation.

Alors se sont émus les débris de la féodalité, autre

puissance déchue ; ils se sont agglomérés autour du dernier rejeton d'un trône renversé ; ces deux ruines, le clergé épiscopal et la noblesse féodale, ont tenté de recomposer ensemble un faisceau imposant. Qu'ont-elles produit en réalité? une convulsion d'agonie.

Mais, disent les hommes à espérances illusoires, Louis XVIII est remonté sur le trône de France, et c'est Napoléon qui l'y a ramené; Napoléon! la personne même de la révolution du siècle! Oui! mais ayant forcé à l'excès la marche et les ressorts de cette révolution. Autour de lui plus d'armée, il l'avait follement exposée à tous les genres d'extermination ; plus de peuple dévoué à sa cause, il l'avait écrasé d'impôts, et lui avait arraché tous ses enfants; plus d'alliés en Europe, il les avait tous rebutés, choqués, révoltés ; il était seul avec son courage sur le rocher de l'adversité.

Aujourd'hui, rien de semblable. La France possède une armée formidable; c'est un illustre soldat de Napoléon qui l'a formée. Louis-Philippe ne la consommera point en expéditions fabuleuses, il la ménagera en père de famille; ses enfants y seront toujours aux premiers rangs. Le peuple français travaille et prospère ; sa masse générale est satisfaite. Si une menace était dirigée contre les grandes conquêtes de la révolution : la liberté de conscience et l'égalité des droits, Louis-Philippe qui, toute sa vie, en a été le fauteur sincère, serait vivement appuyé par toute la partie judicieuse et énergique de la population. Enfin, tandis que, de la part des souverains qui renversèrent Napoléon, nulle coalition, nulle agression n'est tramée contre la France ; le gouvernement anglais, le plus puissant de tous ceux qui nous environnent, est formellement lié à notre gouvernement.

Dans tout projet de changement politique en France par le concours de mécontents intérieurs et d'une influence étrangère, il n'y a donc qu'illusion et impuissance. Rien ne se relèvera de ce qui est tombé.

Ces derniers mots, monsieur, nous ramènent au point capital de notre discussion. La foi catholique est tombée, et c'est le haut clergé lui-même qui, le premier, l'a abandonnée ; il serait aussi impossible de rendre à cette foi antique quelque ardeur, quelque sincérité, que de rétablir l'ancienne et pompeuse domination du peuple romain.

Mais nous tous, peuples du midi de l'Europe, nous sommes les rejetons de ce peuple géant ; il vit encore dans notre langue, dans nos lois, dans nos mœurs. De même, la foi catholique vit encore par ses rameaux les plus délicats dans l'âme d'un grand nombre de Français, de tous ceux qui sont moins pressés de réfléchir, de raisonner, que d'aimer, de bénir, de s'attendrir.

Ce qui, dans l'histoire de l'humanité, distinguera à jamais la foi catholique, c'est que beaucoup plus et beaucoup mieux que toute autre foi dogmatique, elle a fécondé le sentiment religieux. Pour le catholique persuadé, cette croix qu'il rencontre partout est un monument de si touchante éloquence ! Il rappelle à sa tendre conviction le fils de Dieu, ayant pris la forme humaine pour venir sur la terre, vivre dans l'abjection, expirer dans l'ignominie, et cela pour réconcilier avec son Père, l'homme qui l'avait offensé ! Quel dévouement sublime ! que de héros de bonté, de générosité, que de miracles de charité cet exemple divin n'a-t-il pas enfantés !

Et cette mère accablée, témoin de l'horrible mort de son fils, voyez ses larmes, sa douleur !.....

Stabat mater dolorosa,
Juxta crucem lacrymosa,
Dum pendebat filius!

Auprès d'un tel tableau, mettez toute la mythologie d'Homère; que vous la trouverez froide et stérile! Et quelle estime garderez-vous pour les plus belles institutions de bienfaisance, lorsque vous suivrez dans les prisons, dans les hôpitaux, dans tous les asiles de la souffrance, ces sœurs du pauvre, de l'infortuné, si habiles à adoucir le malheur et la misère! O vous, âmes douces et sensibles, qui vous plaisez à imaginer des anges, vous n'avez pas besoin d'aller les chercher dans le ciel, la foi catholique vous en a donné sur la terre.

Voilà, monsieur, ce qui soutient la communion catholique, et la fera survivre à toutes les communions chrétiennes qui, en rejetant une partie de ses mystères, ont cru rendre ce qu'elles laissaient plus acceptable pour la raison. La raison, par cela même qu'elle repousse le péché originel, et qu'elle n'en fait qu'une simple allégorie, ne peut rien accepter du dogme chrétien; mais le sentiment religieux, oubliant bientôt les résistances de la raison, se plaît et se plaira longtemps encore, au spectacle des cérémonies du catholicisme, aux pratiques de son culte, à la contemplation de ses bienfaits. Le sacerdoce catholique participe naturellement aux bénéfices de ces dispositions bienveillantes; ce qui lui donne encore de l'ascendant sur les hommes et les femmes qui les éprouvent: Ces hommes, ces femmes, appartiennent surtout à la classe modeste, nombreuse, qui tient aux douceurs de l'habitude et aux occupations du cœur, plus qu'aux travaux de la pensée.

Mais ces dispositions bienveillantes, se soutiendrontelles longtemps encore ? Non sans doute, si le clergé n'a pas la sagesse d'en être satisfait, s'il réclame, s'il menace, s'il se laisse entraîner par l'ardeur indiscrète de quelques prélats; l'effet malheureux qu'alors il produira, sera de remettre la révolution en colère.

Mais s'il se résigne paisiblement à la situation encore douce et honorable que le temps lui a faite, il ne s'éteindra que très-lentement. Les gouvernements et les peuples se plairont à prolonger sa vieillesse ; bien des générations s'écouleront peut-être avant qu'il ne soit plus qu'un grand fait historique très-digne d'étude et de vénération.

Et alors, demanderez-vous, n'existera-t-il donc plus d'idées religieuses, bases de doctrines salutaires ? Rassurons-nous : la morale humaine, à cette époque, aura déjà reçu un bien plus ferme appui, un appui à l'abri des révolutions et des orages. Vous le savez, monsieur :

Rien n'est *fort* que le vrai, le vrai seul est *durable*.

Le vrai, en effet, c'est l'ordre imprimé à la nature, c'est la constitution des êtres et la succession des temps, réglées par le suprême Créateur ; toute œuvre humaine qui n'y est pas conforme ne peut se maintenir; le *faux* dont elle est imprégnée, la détruit par degrés plus ou moins rapides.

La base du christianisme, c'est l'explication des maux de l'humanité par les fautes du premier homme, explication que le plan de la nature n'admet pas. A sa place, il établit que les biens et les maux s'entremêlent et se balancent dans la vie de l'homme, comme le jour et la nuit dans la vie du globe, comme le beau temps et le mauvais temps dans la vie de l'atmosphère. La loi des *compensations*, base pratique de l'équilibre dans le monde matériel, de la justice dans le monde intelligent et sensible, est manifestement la religion de l'univers. Seule, elle peut guider nos pas dans le labyrinthe des faits physiques, et notre pensée dans le labyrinthe des faits moraux, politiques, intellectuels.

Là, monsieur, dans cette grande loi des compensations, réglant l'exercice de l'expansion universelle : là est l'idée forte, vraie, durable, éternelle, éminemment religieuse, car la justice est essentiellement le grand attribut de la Divinité.

Cette idée aujourd'hui s'avance vers l'esprit humain, conduite par le concours intime de la science complète et de la raison parfaite. Voilà ce qui dans un temps peu éloigné, sera devenu, sur la terre, dogme invariable, foi universelle, sans que nul homme éclairé puisse jamais faire autre chose que de la propager et de l'affermir.

Alors, comme vous le demandez, monsieur, l'enseignement sera devenu homogène, et la société sera devenue religion; elle aura les mêmes vues, les mêmes doctrines que la conscience individuelle; alors, chaque homme intelligent portera en lui-même son sacerdoce, chargé de régler, sur le plan de la nature entière, ses vœux, ses intentions, tous les mouvements de son âme. Alors se sera consommée l'œuvre pacifique de la philosophie.

Mais le sentiment religieux! ne lui sera-t-il pas resté étranger? Non, monsieur, il en découlera au contraire. Rappelez-vous l'exposition que je fis un jour devant vous du Principe universel; vous en fûtes profondément frappé. Jamais à l'occasion de ma pensée fondamentale, je n'avais reçu un suffrage aussi prononcé.

Eh bien! ce Principe universel, cette source immédiate de tous les mouvements, cette expansion universelle, n'est encore, dans la nature, que la première des causes secondes. Ce n'est pas elle qui a institué la loi des compensations, car elle lui est opposée; sa tendance essentielle est l'uniformité absolue dans la distribution des éléments; la loi des compensations, au contraire, ne peut s'appliquer qu'à des groupes matériels inégaux de mouvement et de masse.

La matière serait donc restée à jamais stérile et inutile, si elle n'eût jamais obéi qu'à l'expansion: Point d'étoiles, point de planètes, point de végétaux, point d'animaux, point d'hommes. Pour animer l'espace, pour le peupler de globes, couverts eux-mêmes d'êtres vivants, il fallait qu'une Cause première, une Cause suprême, rompît la diffusion universelle de la matière, la rendît féconde, maîtrisât ainsi l'Expansion, et la matière, et l'espace, et le temps!

Pouvoir immense! L'ame qui le contemple en est accablée! Et lorsqu'elle découvre, par l'étude de l'univers, que ce pouvoir sublime a été déployé pour amener graduellement l'existence de l'homme, de l'être doué de raison, de sensibilité, d'intelligence, elle s'incline devant ce mystère ineffable, elle se pénètre à la fois d'admiration, de reconnaissance et d'amour.

Dans une telle disposition, produite par le concert de la science, de la raison, de l'imagination, du sentiment, pourrait-elle ne pas être religieuse? La Religion, calme et puissante, celle qui épure le cœur de l'homme, l'adoucit et le fortifie; la Religion philosophique, s'apprête à devenir l'auréole de la science, la poésie de la raison.

Personne mieux que vous, monsieur, n'acceptera cette espérance.

AZAÏS.

TABLE.

Pages.

PRÉFACE. v
Au Roi. VII
Idées préliminaires. 3
Constitution et gouvernement politique. 6
Notre histoire politique depuis cinquante ans. 23
Règne de Louis-Philippe. 57
Conclusion. 70
Appendice. 88
Lettre à M. de Lamartine. 9
Deuxième lettre à M. de Lamartine. 95

PARIS. — IMPRIMERIE DE FAIN ET THUNOT,
Rue Racine, 28, près de l'Odéon.

www.ingramcontent.com/pod-product-compliance
Ingram Content Group UK Ltd.
Pitfield, Milton Keynes, MK11 3LW, UK
UKHW012046240726
13965UKWH00003B/1071